Cornelia Hildebrandt / Uwe Sattler (Hrsg.)

Vorwärts ohne Gleichschritt

Zwanzig Jahre Europäische Linke

Eine Flugschrift

VSA: Verlag Hamburg

Die Publikation erscheint mit Unterstützung von

transform! europe

transform! europe wird teilweise durch einen Zuschuss des Europäischen Parlaments finanziert. Die alleinige Verantwortung für den Inhalt liegt bei den Autor*innen, und das Europäische Parlament haftet nicht für die Verwendung der in dieser Publikation enthaltenen Informationen.

Druck und Buchbindearbeiten: CPI books GmbH, Leck
ISBN 978-3-96488-206-6

Inhalt

Cornelia Hildebrandt / Uwe Sattler

Vorwort

Als sich am 8. und 9. Mai 2004 in Rom die Partei der Europäischen Linken (EL) gründete, »war die Aufbruchstimmung fast mit den Händen zu greifen«. So beschreibt Helmut Scholz, Mitbegründer des Bündnisses von linken, links-grünen und anderen progressiven Parteien, seine Eindrücke vom ersten Kongress der EL vor 20 Jahren. Überraschen kann diese Einschätzung nicht. Schließlich hatte es seit dem Zusammenbruch des Staatssozialismus und der Gründung der Europäischen Union praktisch keine gemeinsam erstrittene parteipolitische Zusammenarbeit der Linkskräfte über Ländergrenzen hinweg gegeben.

In den zwei Jahrzehnten ihrer Existenz erlebte die Partei der Europäischen Linken, oft verkürzt als Europäische Linke bezeichnet, Höhen und Tiefen. Hatten die etwa 200 Delegierten in Rom 19 Parteien aus 15 Ländern Europas vertreten, zählt die EL im Herbst 2023 über 40 Mitglieder, Beobachter und Partner. Das Spektrum reicht von großen und kleinen Parteien über EU-kritische bis zu eher reformorientierten. Ihre Verankerung in der Gesellschaft, ihre politischen Traditionen und Strukturen sind zum Teil sehr unterschiedlich. Insofern ist es durchaus nachvollziehbar, dass der Geburt der Europäischen Linken in Rom keineswegs ein geradliniger Weg nach vorn folgte.

Dies zeigt sich auch in Interviews mit den bisherigen EL-Präsidenten, die in dieser Flugschrift die Geschichte der Europäischen Linken illustrieren. Hatten die Positionierungen der ersten Jahre vor allem Bezug zu tagesaktuellen Ereignissen sowie eher kurz- und mittelfristigen Entwicklungen, legten die Parteien der Europäischen Linken gerade im letzten Jahrzehnt umfassendere politische und wirtschaftliche Konzepte zur gesellschaftlichen Entwicklung vor.

Tatsächlich ist es der Europäischen Linken jedoch bislang nicht gelungen, mit ihren alternativen Konzepten in breitere

Kreise der Gesellschaft vorzustoßen. Dabei brachte gerade die Corona-Pandemie Grundwerte der EL wie Solidarität oder soziale Gerechtigkeit – auch über Europa hinaus – zurück in die Öffentlichkeit. Weshalb dies nicht zu einer größeren Wahrnehmung der Europäischen Linken führte, wird in dieser Schrift versucht zu beantworten. Allerdings lässt sich die generelle Frage, wie sich Linksparteien aus ihrer in vielen Ländern defensiven Position befreien können, angesichts ihrer völlig unterschiedlichen Entwicklungen und spezifischen nationalen Kontexte trotz ähnlich gelagerter Konflikt- und Bruchlinien nicht pauschal beantworten. Dies gilt auch für die Tatsache, dass bis auf wenige Ausnahmen in den Ländern des früheren Realsozialismus linke Parteien keinen wesentlichen gesellschaftlichen Einfluss erlangen beziehungsweise einen solchen dauerhaft erhalten konnten. In dieser Flugschrift werden jedoch Beispiele aufgezeigt, wo und wie es linken Parteien in verschiedenen Ländern gelungen ist, an Stärke und Einfluss zu gewinnen.

Zu einer Zerreißprobe für das Linksbündnis wurde der im Februar 2022 begonnene russische Angriffskrieg gegen die Ukraine. Vor dem Wahlkongress im Dezember 2022 in Wien wurde die Haltung gegenüber Moskau und insbesondere die Bewertung der NATO intensiv unter den Parteien diskutiert. Einige Parteien, vor allem aus Skandinavien, sahen das Militärbündnis angesichts des Vorgehens des russischen Präsidenten Wladimir Putin durchaus als Garanten für ihre nationale Sicherheit. Trotzdem bezogen sie im Wiener Schlussdokument eine gemeinsame und eindeutige Position: Die russische Aggression wurde als Verbrechen verurteilt, ein sofortiger Waffenstillstand, der Abzug der russischen Truppen und die Rückkehr an den Verhandlungstisch gefordert und eine intensive Debatte über eine kollektive Sicherheitsarchitektur angemahnt.

Die nächste Herausforderung für die Europäische Linke wird die Wahl zum EU-Parlament im kommenden Jahr sein. Bereits heute wird intensiv an einer Wahlplattform und dem entsprechenden Programm gearbeitet. Mit welchen Forderungen tritt sie an? Welche sind die gemeinsamen Ansatzpunkte in den verschiedenen Ländern? Auch dazu gibt diese Flugschrift Auskunft.

Heinz Bierbaum

Ein Bündnis in stetiger Veränderung

Trotz aller politischen Differenzen und der Unterschiedlichkeit der Parteien ist die Europäische Linke zu einem handlungsfähigen Zusammenschluss gewachsen.

Im Mai 2004 wurde in Rom die Partei der Europäischen Linken (EL) gegründet. Es waren vor allem Fausto Bertinotti von Rifondazione Comunista, aber auch Lothar Bisky von der PDS, die dazu den Anstoß gaben. Nächstes Jahr, zum Zeitpunkt der Europawahlen, wird die EL 20 Jahre alt. Ihr gehören heute über 40 Parteien und Organisationen an, wobei zwischen Vollmitgliedern, Beobachtern und Partnern unterschieden wird. Sie ist der größte und wichtigste Zusammenschluss linker Parteien in Europa, auch wenn ihr bedeutende Parteien wie die Kommunistische Partei Portugals, Podemos, die belgische Partei der Arbeit, die schwedische Linkspartei oder die sozialistische Partei der Niederlande nicht angehören. Die EL hat jedoch Kooperationsbeziehungen zu all diesen Parteien. Die einzige Partei, die nichts mit der EL zu tun haben will, ist die KKE, die Kommunistische Partei Griechenlands. Sie betrachtet die EL als eine eher sozialdemokratische Organisation, die mit revolutionärem Impetus nichts zu tun habe.

Seit ihrer Gründung hat sich die EL stark verändert. Einstmals starke kommunistische Parteien wie die italienische Rifondazione oder die Kommunistische Partei Finnlands (FKP) sind nur noch ein Schatten ihrer selbst, andere, wie die kommunistische Partei Frankreichs, sind deutlich schwächer geworden. Insbesondere ausgehend von sozialen Bewegungen sind neue Parteien entstanden wie Podemos in Spanien oder La France insoumise in Frankreich, die in Konkurrenz zu den existierenden Linksparteien treten. Die Linke ist in Europa sehr unterschiedlich aufgestellt. So sind in Skandinavien die linken Parteien relativ stark, wobei jedoch die EL eher schwächer vertreten ist, nachdem sich das finnische Linksbündnis von der EL abgewandt hat, und die schwedische Linkspartei und die norwegischen Linkssozialisten ihr nicht angehören. Auch in West- und Südeuropa ist die Linke und dabei eben auch die EL relativ stark – mit den Linksparteien in Deutschland, Frankreich und Spanien. Die stärkste Partei ist Syriza in Griechenland, wenn man einmal von der AKEEL in Zypern absieht, die allerdings nur Beobachterstatus hat.

Sehr schwach ist die Linke in Osteuropa. Mit Ausnahme der KSCM (Kommunistische Partei Böhmens und Mährens) sind die traditionellen linken Parteien unbedeutend. Allerdings sind neue Parteien aus links-grünen Bündnissen, wie insbesondere Levica in Slowenien, jüngst aber auch in Kroatien und Serbien entstanden. In vielen Ländern gibt es nicht nur eine Linkspartei, sondern zwei und mehr Linksparteien. Dabei spielt die Konkurrenz zwischen traditionellen kommunistischen Parteien und neu entstandenen Linksparteien wie z.B. in Portugal eine große Rolle. Allerdings gibt es vermehrt auch Versuche zu kooperieren. Dies gilt besonders für das das spanische Linksbündnis Unidas Podemos. Mit Sumar ist aktuell ein neues übergreifendes Bündnis entstanden, das freilich ein Spannungsverhältnis zu Podemos aufweist. Zu verweisen ist weiter auf Nupes (Nouvelle union populaire écologique et sociale) in Frankreich, ein Bündnis aus La France insoumise, der KP, den Grünen und den Sozialisten. Dies hat einen relativen Erfolg der Linken bei den jüngsten Parlamentswahlen ermöglicht. Für die Europawahlen wird es wohl nicht zustande kommen.

Man muss feststellen, dass die EL im Verlauf ihrer Entwicklung zwar zahlenmäßig größer, politisch jedoch schwächer geworden ist. Durch stärkere politische Profilbildung und vermehrter Kooperation wird versucht, dieser Tendenz entgegenzuwirken. Dabei sind durchaus Erfolge zu verzeichnen. Im Hinblick auf eine breitere Kooperation mit anderen linken Kräften ist insbesondere auf das Europäische Forum zu verweisen. Dies wird federführend von der EL zusammen mit anderen ökologischen und progressiven Kräften organisiert. Es fand zum ersten Mal 2017 in Marseille statt und wird seitdem jährlich durchgeführt. Es ist zu einer Plattform für progressiven politischen Dialog geworden und hat auch an Breite gewonnen, auch wenn dies noch verbesserungswürdig ist.

Auch im Hinblick auf die Zusammenarbeit mit den Gewerkschaften sind deutliche Fortschritte erzielt worden. Dies gilt sowohl für die europäischen Gewerkschaften als auch für gewerkschaftliche Netzwerke wie TUNE – Trade Unionists Network Europe. Bei TUNE handelt es sich um ein Netzwerk linker Gewerkschafter*innen, das vor vielen Jahren unter dem Namen Forum Soziales Europa entstanden ist, um zu einer stärkeren gewerkschaftlichen Zusammenarbeit auf europäischer Ebene zu kommen. Um Verwechslungen mit anderen sozialen Foren zu vermeiden, wurde vor ein paar Jahren der Name geändert. Ursprünglich völlig unabhängig hat sich inzwischen eine intensive Zusammenarbeit mit der EL und der Linksfraktion (The Left) im Europaparlament entwickelt. Gute Beziehungen bestehen inzwischen zum europäischen Gewerkschaftsbund, zu IndustriAll und zu EPSU, dem europäischen Zusammenschluss der Gewerkschaften des öffentlichen Dienstes.

In diesem Zusammenhang sei auch »transform! europe« erwähnt – eine Stiftung in Verbindung mit der EL. Transform versteht sich als ein Netzwerk für alternatives Denken und politischen Dialog und ist stark in politische Aktivitäten der EL eingebunden. Inhaltlich-politische Verbindungen bestehen auch zur Rosa-Luxemburg-Stiftung.

Im Hinblick auf das politische Profil der EL haben sich sowohl Veränderungen als auch eine inhaltliche Schärfung ergeben. So hat sich insbesondere die Haltung zu Europa und zur Europäischen Union verändert. Lange Zeit war die Auseinandersetzung darüber bestimmend, ob die EU reformierbar sei oder nicht. Dies ging so weit, dass man auch darüber stritt, ob man den Euro beibehalten oder doch wieder zur nationalen Währung zurückkehren sollte. Anlass waren Überlegungen, wie sich eine linke griechische Regierung im Rahmen der EU behaupten könnte. Inzwischen ist davon keine Rede mehr. Auch die Frage, ob die EU reformierbar sei oder nicht, ist der Frage nach der Gestaltung Europas in Richtung eines anderen Europas, eines demokratischen, sozialen, ökologischen und friedlichen Europas gewichen. Zu dieser Veränderung haben insbesondere die Erfahrungen mit der Pandemie beigetragen. Hier hat sich gezeigt, dass trotz der neoliberalen Auflagen der Verträge von Maastricht und Lissabon Änderungen möglich sind. So wurde der Wachstums- und Stabilitätspakt mit seinen restriktiven fiskalischen Bestimmungen suspendiert, wenn auch nicht aufgehoben, wie die Linke dies fordert. Und mit dem Fonds »Next Generation« wurde auch eine gewisse Wende in der europäischen Finanzpolitik in Richtung direkter europäischer Finanzierung vorgenommen.

Die politische Positionierung der EL kommt insbesondere in dem auf dem Kongress der EL im Dezember letzten Jahres in Wien angenommenen politischen Dokument zum Ausdruck. Ausgangspunkt ist die Feststellung einer multiplen Krise mit strukturellen Herausforderungen wie dem Klimawandel, verstärkt durch die Pandemie und den Krieg in der Ukraine. Zum Krieg in der Ukraine gibt es unter den Parteien der Europäischen Linken sehr unterschiedliche Vorstellungen. Zwar verurteilen alle die russische Invasion und stimmen überein, dass dieser Krieg beendet werden muss, doch der Weg dahin ist umstritten. Man einigte sich schließlich auf drei politische Grundforderungen: Waffenstillstand, Rückzug der russischen Truppen und Rückkehr an den Verhandlungstisch. Im Vordergrund steht eine politische Lösung. Nach wie vor wird die NATO äußerst kritisch gesehen und eine kollektive Sicherheitsarchitektur ohne NATO gefordert. Wie diese aussehen soll, ist freilich unklar. So wurde denn auch beschlossen, dass dazu eine intensive Debatte geführt werden soll. Gleiches gilt für die geopolitischen Implikationen. Es stellt durchaus einen Erfolg dar, dass der Krieg in der Ukraine die Linke in Europa nicht weiter spaltet, was befürchtet worden war.

Die stark gestiegenen Lebenshaltungskosten, wobei besonders die Energiekosten ein große Rolle spielen und Maßnahmen zu ihrer Senkung, stellen einen weiteren Schwerpunkt dar. Dabei wird festgestellt, dass die explodierenden Energiekosten nicht nur durch den Krieg verursacht, sondern auch der Liberalisierung des Energiemarktes geschuldet sind. Deshalb wird eine andere

Energiepolitik in öffentlichem Eigentum gefordert. Energie wird als ein öffentliches Gut und die Versorgung mit Energie als ein Grundrecht verstanden, das nicht dem Markt überlassen werden darf. Gleiches gilt für Wohnen. Sowohl im Hinblick auf die Energie als auch für das Wohnen (»Social Housing«) sind europaweite Kampagnen geplant.

Die Bekämpfung des Klimawandels und die dadurch notwendige Transformation der Wirtschaft ist das zentrale politische Thema der Europäischen Linken. Ausgehend davon, dass eine auf fossilen Energien basierende Produktion keine Zukunft hat, wird eine sozial-ökologische Transformation der Wirtschaft gefordert. Dabei wird ein umfassendes Konzept vertreten, wonach ökologische und soziale Erfordernisse gleichermaßen berücksichtigt werden. Gefordert wird eine grüne Revolution der Industrie mit Lösungen für die davon betroffenen Beschäftigten. »Just Transition«, wie von den Gewerkschaften gefordert, ist dafür zentral. Die Beschäftigten sollen dabei nicht nur geschützt und in ihren Rechten gestärkt werden, sondern selbst Akteure sein. Deshalb wird sozial-ökologische Transformation mit der Forderung nach Wirtschaftsdemokratie verbunden. Das unterscheidet dieses Konzept von anderen Konzepten eines »Green New Deal«. Die europäische Politik und auch der Europäische Green New Deal werden als völlig unzureichend angesehen. Es wird eine grundlegende Veränderung europäischer Wirtschaftspolitik für notwendig gehalten, also die Beendigung der neoliberalen Austeritätspolitik zugunsten einer aktiven Industrie- und Wirtschaftspolitik. Dabei kann in gewisser Weise an Veränderungen in der europäischen Politik angeknüpft werden, wie sie etwa im Programm »Next Generation« oder auch in der Suspendierung des Wachstums- und Stabilitätspakts zum Ausdruck kommen. So werden die vollständige Aufgabe des Wachstums- und Stabilitätspakts und die Einrichtung eines durch die EZB zu finanzierenden sozialen und ökologischen Entwicklungsfonds gefordert. Notwendigerweise werden damit die Grenzen einer kapitalistischen Entwicklung überschritten. Die Europäische Linke ist bei der Bekämpfung des Klimawandels bestrebt, sich mit anderen Organisationen und Bewegungen zu vernetzen. Deshalb ist die EL inzwischen auch an den Gegengipfeln im Rahmen der COP-Konferenzen beteiligt.

Die wesentlichen Elemente der politischen Strategie der Europäischen Linken sind das Engagement für Frieden und Abrüstung, das Eintreten für eine umfassende sozial-ökologische Transformation, verbunden mit Ausweitung der sozialen Rechte und Wirtschaftsdemokratie, Kampagnen gegen die Teuerung der Lebenshaltungskosten und für gute Arbeits- und Lebensbedingungen, Verbesserung und Ausweitung der öffentlichen Dienste, der Kampf gegen die extreme Rechte und gegen jede Form von Diskriminierung sowie die Verteidigung der Demokratie.

Insgesamt kann festgestellt werden, dass es trotz aller politischen Differenzen gelungen ist, die europäische Linke zusammenzuhalten. Um die Zusammenarbeit der linken Kräfte zu vertiefen und um sichtbarer zu werden, wird sich die EL mit einem umfassenden Programm bei den Europawahlen präsentieren. Auch wenn sich die EL bemüht, stärker als Partei aufzutreten, hat sie doch eine mehr koordinierende Funktion und ist auf die Unterstützung der jeweils nationalen Parteien angewiesen. Je stärker dabei die europäische Ausrichtung ist, desto stärker ist auch die EL.

Von Rom bis Wien

Eine kurze Chronik der Europäischen Linken
in Kongressen und Präsidenten

- Vertreter*innen von fast zwei Dutzend Parteien aus 15 Ländern Europas gründen auf einem Treffen am *8. und 9. Mai 2004 in Rom* die Partei der Europäischen Linken. »Unser Ziel ist die menschliche Emanzipation, die Befreiung von Männern und Frauen von allen Formen der Unterdrückung, Ausbeutung und Ausgrenzung«, heißt es im Gründungsdokument. Strukturen für die Zusammenarbeit mit Bewegungen, Gewerkschaften und eigenständigen thematischen Netzwerken werden auf den Weg gebracht, die Einführung einer Einzelmitgliedschaft als Projekt im Projekt ermöglicht. Der italienische Linkspolitiker *Fausto Bertinotti* wird zum ersten Vorsitzenden der EL gewählt. In seine Amtszeit (2004–2007) fallen unter anderem die Beschlüsse, sich sozialen Bewegungen und Gewerkschaften zu öffnen und gemeinsam für ein anderes Europa zu streiten sowie die Gründung der »Denkfabrik« transform! europe.
- Auf dem ersten Kongress der EL im *Oktober 2005* in Athen wird die Absicht bekräftigt, gemeinsam mit sozialen Bewegungen, Gewerkschaften und politischen Linken für ein soziales, friedliches und demokratisches Europa zu kämpfen.
- Der 2. Kongress in *Prag im November 2007* verabschiedet den »Prager Appell für ein anderes Europa«. Gefordert wird ein »Politikwandel für mehr Demokratie und Gerechtigkeit, für Arbeit, ökologische Nachhaltigkeit und für Frieden«. Die Delegierten wählen den deutschen Vorsitzenden der Linkspartei, *Lothar Bisky*, zum EL-Präsidenten. Unter Biskys Führung wurden die ostdeutsche PDS und die im Westen entstandene WASG zu DIE LINKE. Bisky galt in der EL als Vereinigungsmanager.
- Auf dem 3. Kongress in *Paris 2010* übernahm Frankreichs KP-Chef *Pierre Laurent* das Spitzenamt der Europapartei; Bisky hatte mit Verweis auf »Beziehungsprobleme« in der EL aufgegeben. Die Europäische Linke rückt insbesondere den Kampf

gegen die neoliberale Austeritätspolitik zur Privatisierung der öffentlichen Daseinsvorsorge ins Zentrum ihres Handelns. Die Strukturen der Mitgliedschaft werden um Beobachterparteien erweitert. Die Öffnung für Themen wie Feminismus wird auch auf dem 4. Kongress in *Madrid 2013* fortgesetzt.

- Der Parteikongress im *Dezember 2016* wählte den deutschen Linkspolitiker *Gregor Gysi* an die EL-Spitze. In Gysis Ägide fallen unter anderem der Ausbau der Sommeruniversitäten, vor allem aber die (Mit-)Begründung der Europa-Foren, die nach Vorbild des Foro Sao Paulo »linke, grüne und progressive« Kräfte zusammenbringen sollen.
- Der Vorsitzende der Internationalen Kommission der deutschen Linkspartei *Heinz Bierbaum* übernahm von Gysi die EL-Präsidentschaft auf dem »Reset Europe« überschriebenen Kongress *2019 in Málaga*. Neben der Weiterentwicklung des European Forum wurden unter Bierbaums Führung vor allem die Beziehungen zu den Gewerkschaften ausgebaut.
- Im *Dezember 2022* tritt der langjährige Chef von transform! europe *Walter Baier* die Präsidentschaft der Partei der Europäischen Linken an. Zentrale Elemente der Erklärung des Wiener Kongresses sind die sozial-ökologische Transformation, der Ausstieg aus fossilen Energien sowie ausgeweitete und garantierte soziale Rechte in der EU, wofür Europas Linke die Verankerung eines sozialen Fortschrittsprotokolls im europäischen Vertragswerk fordert.

»Die Aufbruchstimmung war fast mit den Händen zu greifen«

Gespräch mit Helmut Scholz

Der heutige Europaabgeordnete war maßgeblich an der Gründung der Partei der Europäischen Linken beteiligt. Er erinnert sich an die Vorgeschichte, anfängliche Berührungsängste und die grundlegende Weichenstellung in Rom.

Uwe Sattler: *Sie waren, damals als Internationaler Koordinator und Leiter des Referats Internationale Verbindungen der Linkspartei PDS, maßgeblich an Vorbereitung und Gründung der Partei der Europäischen Linken beteiligt. Wie haben Sie die »Geburt« der EL 2004 in Rom erlebt?*

Helmut Scholz: Die Aufbruchstimmung war fast mit den Händen zu greifen. Schließlich hatte es seit Zusammenbruch des Staatssozialismus und nach Gründung der EU praktisch kein gemeinsam erstrittenes parteipolitisches Zusammengehen der Linkskräfte über Ländergrenzen hinweg gegeben. Wer am Gründungskongress in Rom teilgenommen hat, war begeistert, dass endlich Parteien zusammenkommen, die, ganz im Sinne von Marx' »Proletarier aller Länder vereinigt euch«, wirklich nicht nur gemeinsam Politik machen wollen. Mit der Gründung der EL haben wir tatsächlich politisches Neuland betreten.

Was heißt das konkret?

Unsere Zielsetzung war klar: Wir wollten über den traditionell von linken Parteien praktizierten Meinungsaustausch und die gemeinsamen Beratungen zu aktuellen Themenstellungen hinaus eine gemeinsame europäische linke und moderne Partei schaffen, offen und inklusiv auch über die EU-Grenzen hinaus. Politisches Neuland also auch in dem Sinne, dass die Partei die unterschiedlichen historischen Erfahrungen der bereits genannten Zusammenarbeit der Linken berücksichtigt, achtet und zugleich neue

Formen, Strukturen und Wege für ihr gemeinsames Arbeiten eröffnet. Auch das war Neuland: Strukturen für die Zusammenarbeit mit Bewegungen, Gewerkschaften und eigenständigen thematischen Netzwerken integrativ in der Europäischen Linkspartei zu verankern, die Einführung einer Einzelmitgliedschaft als Projekt im Projekt ermöglichen – beispiellos in der Geschichte und auch gegenüber der Praxis anderer europäischer politischer Parteien. Die EL meldete selbstbewusst den Anspruch und Willen an, mehr zu sein als nur eine Dachorganisation für nationale Linksparteien. Deshalb die Entwicklung einer EL-Sommer-Universität vornehmlich für junge Menschen oder das »ParlaCon«, eine eigenständige dauerhafte Zusammenarbeitsstruktur der EL für ihre Abgeordneten auf EU-, nationaler und regionaler Ebene.

Warum hat es nach dem Ende des Realsozialismus so lange gedauert, bis sich eine Linkspartei auf europäischer Ebene gegründet hat?

Ich glaube, da müssen wir weiter zurückschauen als nur bis zum Jahr vor 1989. Die Erfahrungen von internationaler Kooperation linker Parteien haben viel zu tun mit Komintern, mit sozialistischer Internationale, kommunistischer Internationale. Und somit auch damit, dass es Bevormundungen und Gängeleien aus Moskau gab. Das ist die eine Seite. Die andere brennende Frage war, inwieweit sich die Linksparteien grundlegend vom alten Typus einer leninschen Partei neuen Typus verabschiedet und einer selbst gewollten Erneuerung unterzogen haben. Diese Frage wurde auch sehr konkret an die damalige PDS gestellt und übrigens auch in verschiedenen europäischen Kreisen diskutiert. Die Verankerung des historischen Bruches mit stalinistischen Traditionen war denn auch ein Knackpunkt der gemeinsamen, solidarisch geführten, aber notwendigen Debatten zum EL-Statut im Vorfeld und auf dem Gründungskongress. Für mich waren die in gewiss nicht leichter, intensiver und letztlich erfolgreicher Arbeit errungenen Positionen im Beschluss zu den Ursachen des Scheiterns des Sozialismus in der DDR wesentliche Gedankenanregung, dies auch in den Mittelpunkt einer Verständigung über das statuarische Selbstverständnis der Europäischen Linken zu stellen.

Sie sprechen damit die lange Vorgeschichte des Gründungskongresses in Rom an.

In der Tat. Bereits im Juni 1998 trafen sich in Berlin Persönlichkeiten und politische Aktivistinnen und Aktivisten einer Reihe von linkssozialistischen, kommunistischen und rot-grünen Parteien in der EU, um am Vorabend der 1999er-Wahlen zum Europäischen Parlament über neue Formen und Wege der Kooperation nachzudenken. Viele Parteien der transformatorischen und radikalen europäischen Linken waren nach einer Phase schwieriger Neubestimmung ihrer Politik in der Zeit nach den Umbrüchen von 1989/1990 – und zwar im Osten und Westen, Norden und Süden des europäischen Kontinents – zu der Auffassung gelangt, dass es an der Zeit wäre, ein Mehr an konkreter Zusammenarbeit zu schaffen, um diesem Teil der europäischen Linken ein gemeinsames Profil zu verleihen. Lothar Bisky, der zweite Vorsitzende der EL, betonte rückblickend auf diese Phase und aktuelle Aufgabenstellungen auf dem 2. Kongress der EL 2007 in Prag die Bedeutung, eine offene plurale Partei der Europäischen Linken zu sein und sich so weiterzuentwickeln, weil sie die großen Herausforderungen nur packen könne, wenn sie zum Beispiel die Erfahrungen von Gewerkschafter*innen mit den Ideen der freien Softwarebewegung zusammenbringen, wenn sie die sozialen Kämpfe in den Städten und auf dem Land, die freie Forschung und Lehre an den Universitäten gemeinsam mit Friedensbewegungen und Umweltinitiativen zusammenbringt. Diese unterschiedlichen politischen Erfahrungen aus tagtäglichen Kämpfen und aus dem Alltagsleben braucht die europäische Linkspartei, um in den Worten Fausto Bertinottis, erster Vorsitzender der EL von Rifondazione Communista aus Italien, »am Aufbau einer kritischen Masse mitzuwirken«, die mit ihren politischen Alternativen Gehör findet und in gesellschaftliche Debatten eingreift.

Was folgte aus der Erkenntnis?

Es folgte im Januar 1999 ein von 13 europäischen Linksparteien erstmals gemeinsam erarbeiteter Aufruf an alle in der EU lebenden Menschen zu den Europawahlen. Darin formulierten die beteiligten Linksparteien gemeinsame Ziele und Eckpunkte für ein soziales und ökologisches, ein demokratisches, solidarisches und friedliches Europa – was ja gerade heute wieder hochaktuell ist. Es war praktisch bereits ein Eckpunkteprogramm für ihr Zusammenwirken in der EU. Bereits vor den Wahlen gewann nach der damaligen letzten Erweiterungsrunde 1996/97 die erst in jener Legislaturperiode gebildete konföderale Fraktion der Vereinten Europäischen Linken/Nordische Grüne Linke (GUE/NGL), also die heutige Linksfraktion, im Europäischen Parlament an Gewicht. Aber es war das Zusammenwirken von Abgeordneten sehr unterschiedlicher Parteien und war nicht die Fraktion einer politischen Partei – denn einige linke Parteien lehn(t)en das Projekt ab. Umso wichtiger war dieser Aufruf für das spätere Zusammenfinden in der EL.

Wie wurde die Gründung in der deutschen Linken aufgenommen? Europäische Fragen spielten ja seinerzeit noch nicht eine so große Rolle.

In der damaligen PDS und innerhalb der politischen Linken in Deutschland hatte der Aufruf zur Gründung der Partei der Europäischen Linken aufhorchen lassen, Interesse, Zustimmung und neue Hoffnungen ausgelöst. Gerade unter jüngeren engagierten Menschen fand der Gedanke einer gemeinsamen Partei der Linken in Europa große Resonanz. Das war übrigens nicht nur in Deutschland so. Wir haben als EL-Vorstand dann sogar Anfragen und Zuschriften aus London und Glasgow, Warschau und Sofia, aus Ländern, in denen die EL bislang noch gar keine Mitgliedsparteien hatte, erhalten.

Es gab keine Vorbehalte, auch angesichts der von Ihnen erwähnten Erfahrungen mit der Bevormundung durch Moskau?

Natürlich gab es diese. Denn eine übernationale europäische Linkspartei, die sich als neues eigenständiges politisches Subjekt gesellschaftlicher Entwicklung versteht, berührt natürlich das sehr sensible Feld der Souveränität und Eigenständigkeit der Parteien. Und da hatten die verschiedenen Linksparteen tatsächlich negative Erfahrungen einer politischen Praxis, die in der gegenseitigen Zusammenarbeit weniger gleichberechtigte Kooperation, sondern eher eine »Linienvorgabe« in der Zeit der Ost-West-Blockkonfrontation sah. Was dann auch sehr viel zu tun hatte mit Versuchen eigenständiger Entwicklungswege. Stichwort: Eurokommunismus, mit den Ereignissen in Ungarn 1956, Prag 1968 und Afghanistan 1978 und den damit verbundenen Kontroversen in der internationalen Linken. Und deshalb war es ja auch nicht zufällig, dass die EL im Rahmen der EU und entsprechenden institutionellen Rahmenbedingungen entstand. Der konkrete Bezugspunkt war zuerst einmal die Politik der EU – was aber auch neue Bedenken bei einigen Parteien auslöste: Wird diese LINKE ein Vollstrecker von Politikvorgaben aus Brüssel und Strasbourg? Ich zitiere noch einmal Bisky, der völlig zurecht sagte: Wir brauchen keine Angst zu haben, dass es uns an Identität für eine alternative Linke fehlen wird, wenn wir auf dem Fest der l'humanité sind oder das Lied der Nelkenrevolution singen, wenn wir Mikis Theodorakis in Athen erleben – so nehmen wir das [...] als Arbeitsgrundlage der EL mit, nämlich die Offenheit für andere Erfahrungen, andere Kulturen, andere Lösungsansätze. Deshalb war und ist es ein wichtiger Anspruch, ost- und westeuropäische Erfahrungen zusammenzubringen, von der Kooperation der nordischen Linksparteien zu lernen und die internationalen Verbindungen gerade vieler südeuropäischer linker Parteien in die afrikanische und lateinamerikanische Welt zu nutzen.

Der gerade in der deutschen Linkspartei über Jahre währende Streit über die Haltung zur Europäischen Union scheint seit geraumer Zeit ausgeräumt. In der EL schien diese Debatte nicht so intensiv geführt worden zu sein.

Der Eindruck täuscht. Die EL hat sich bei ihrer Gründung als europäische politische Partei im Rahmen der EU verstanden – das tut sie heute immer noch. Das ändert aber nichts an der Kritik an Politik, Struktur und teils intransparenten wie undemokratischen Entscheidungsprozessen der EU. Insbesondere die Auseinandersetzung mit dem Lissabon-Vertrag, der die EU auf stramm neoliberalen Kurs brachte, hatten und haben diese Debatten auch in der EL angeheizt. Zuvor war der EU-Verfassungsvertrag in Frankreich und den Niederlanden in Referenden gerade wegen des Versuchs, neoliberale Wirtschaftspolitiken in einer Rechtsordnung festzuzurren, am mehrheitlichen Votum der Bürger*innen gescheitert – obwohl eine Mehrheit der Menschen sich in Umfragen durchaus für eine EU-Verfassung ausgesprochen hatte. Hinzu kam dann die scharfe Ablehnung der Austeritätspolitik, die gerade das von einer Syriza-Regierung geführte Griechenland knebelte und durch verschiedene Bewertungen im Jahr 2018 sogar zu einem schweren Konflikt zwischen griechischen und französischen Linken führte. Und bis heute wird die Frage, was die EU eigentlich sein sollte – nur ein Binnenmarkt, ein sich immer weiter vertiefender Staatenbund, eine »Republik Europa« – noch immer heftig diskutiert. Eine Debatte, die ich, das möchte ich an dieser Stelle ausdrücklich unterstreichen, sehr richtig, gut und wichtig finde.

Mit der zweijährigen EU-Zukunftskonferenz ist 20 Jahre nach Gründung der EL wiederum ein Zeitfenster geöffnet, dass die Chancen einer gründlichen Bestandsaufnahme des »State of the Union« eröffnet – und die europäische Linke muss es dringend nutzen. Denn die Herausforderungen an EU-Politik sind heute bei Weitem sicherlich größer als damals und wir müssen uns auch und trotz unserer sehr grundsätzlichen Kritiken an Vielem der gegenwärtigen Verfasstheit der EU dafür engagieren, dass Idee und Perspektive der europäischen Einigung nicht in den komplexen Fragestellungen, Verwerfungen und falschen Strategien versacken. Dies würde zum Übersehen von Chancen führen. Zum Ignorieren aktueller und perspektivischer Herausforderungen, zum Ersetzen von Handeln durch Propaganda. Dieses Engagement ist essenziell gerade angesichts des Erstarkens rechtsextremer Parteien und Kräfte, die sich die Unzufriedenheit der Bürgerinnen und Bürger mit der aktuellen Wirtschafts-, Sozial- und Innenpolitik zunutze machen und die nationale Ebene als Lösung aller Probleme propagieren. Die europäischen wie nationalen Linken müssen vor diesem Hintergrund eine klare Aussage treffen, wie für sie eine andere EU aussehen muss und wie man dorthin gelangt.

Eine Leerstelle hat die Europäische Linke von Beginn an in Osteuropa. Woran liegt das?

Das ist nicht ganz richtig. Beispielsweise war die KP Böhmens und Mährens (KSCM) eine starke Triebkraft bei der Gründung der EL, auch wenn sie im Unterschied zur mit ihr gemeinsam arbeitenden, weitaus kleineren tschechischen Partei der demokratischen Linken nur Beobachterpartei wurde. Aber ja, die KSCM war sicher eine Ausnahme, denn es gab leider kaum relevante linke Parteien in mittel- und osteuropäischen Staaten, die die Wende überlebten oder im Wendeprozess neu entstanden sind. Heute sind ganz neue linke Parteien und Bewegungen auf dem Weg, sich in die gesellschaftlichen Gestaltungsprozesse ihrer Länder einzumischen, sind anerkannte Akteure in ihren Ländern, wie z.B. die slowenische Levica, die mittlerweile enge Verbindungen zur EL hergestellt haben. Ich bin überzeugt, dass der bevorstehende Erweiterungsprozess der EU um die Länder der östlichen Nachbarschaft und den Ländern des Westbalkans auch die Parteienvielfalt und Relevanz linker Parteien dort weiter verstärken wird und diese sich auch in die EL einbringen. Denn auch heute sollten die Worte Gaspar Llamarzares, Generalkoordinator der Izquierda Unida, von 2004 als Leitspruch für die die Europäische Linkspartei gelten: Diese soll nicht einfach die Summe der nationalen Parteien, sondern eine Kraft sein, die in europäischen Maßstäben denkt und handelt. Wir haben keine dogmatischen Antworten. Wir suchen offene Antworten. Wir wollen gemeinsam mit anderen lernen. Wir wollen auch weiterhin Fragen stellen. Inklusiv und in alle Himmelsrichtungen.

Jürgen Klute

Ursprünge und Entwicklung europäischer Parteien

Der Zusammenschluss politischer Kräfte in der Europäischen Union hat eine lange Geschichte – und ist bis heute nicht ausreichend geregelt.

Europäische Parteien im engeren Sinne sind noch ein recht junges Phänomen. Sie haben allerdings schon einen etwas längeren Weg der Entwicklung hinter sich, der mit einer grenzüberschreitenden Kooperation von Parteien begann und sich dann zunächst zu europäischen Parteienbündnissen weiterentwickelte. Letztere bestehen bis heute und sind nach wie vor das am weitesten verbreitete Modell europäischer Parteien.

An dieser Stelle soll zunächst der Entstehungsweg der europäischen Parteien nachgezeichnet werden, gefolgt von einem kurzen Überblick über die aktuellen europäischen Parteien. Schließlich wird die gegenwärtige rechtliche Grundlage europäischer Parteien skizziert.

Die Ursprünge der heutigen europäischen Parteien reichen zurück bis in die frühen 1950er-Jahre. Mit der Gründung der Europäischen Gemeinschaft für Kohle und Stahl (EGKS) 1952 als eine der drei Vorläuferorganisationen – daneben die Europäische Wirtschaftsgemeinschaft (EWG) und die Europäische Atomgemeinschaft (EURATOM) – der heutigen Europäischen Union entstand erstmals eine supranationale politische Organisation. An der Spitze der EGKS stand die sogenannte Hohe Behörde (die 1967 in der Europäischen Kommission aufging), die durch die »Gemeinsame Versammlung«, dem Vorläufer des Europäischen Parlaments, kontrolliert wurde. Das letztgenannte Gremium wurde von Mitgliedern der Parlamente der Mitgliedsstaaten der EGKS gebildet. Aus dieser transnationalen Zusammenarbeit von Parlamentsmitgliedern entstand der Bedarf nach einer transnationalen Zusammenarbeit auch der Parteien, denen die Mitglieder der »Gemeinsamen Versammlung« angehörten. Diese Zusammenarbeit war jedoch zunächst von informeller Natur.

Das eigentliche Geburtsjahr des Europäischen Parlaments ist das Jahr 1957. In dem Jahr wurden die drei Vorläuferorganisationen der heutigen EU fusioniert und die Kontrollfunktion der »Gemeinsamen Versammlung«, die bis dahin nur für die EGKS galt, wurde entsprechend ausgeweitet. Im gleichen Jahr entstand eine erste festere transnationale Organisationsstruktur von Parteien auf europäischer Ebene – die Mitgliedsparteien der Sozialistischen Internationale innerhalb der EGKS-Mitgliedstaaten gründeten ein gemeinsames Verbindungsbüro. 1974 folgte dann der nächste Schritt: Aus dem Verbindungsbüro entstand als erster formeller europäischer Parteienverband der Bund der Sozialdemokratischen Parteien der Europäischen Gemeinschaft.

1976 wurde beschlossen, dass das Europäische Parlament (EP), das bis dahin von entsandten Abgeordneten aus den Parlamenten der Mitgliedsstaaten gebildet wurde, ab dem Jahr 1979 alle fünf Jahre direkt von den Bürgerinnen und Bürgern der Mitgliedsstaaten gewählt wird. Mit dieser direkten demokratischen Legitimation wurde das Europaparlament aufgewertet, nach und nach wurden zudem seine Kompetenzen ausgeweitet. Gestartet waren die Vorläufer der Europäischen Union mit einer Integration der Volkswirtschaften der Mitgliedsstaaten mit dem Ziel, auf diesem Weg zu einer dauerhaften nicht-militärischen zivilen Lösung von Interessenkonflikten zwischen den Mitgliedsstaaten zu gelangen. Damit zeichnete sich aber auch zwangsläufig der Weg zu einer zunehmend tiefer gehenden politischen Integration ab. Dementsprechend zogen die christdemokratischen Parteien in Europa nach und gründeten 1976 die Europäische Volkspartei bzw. in der englischen Sprachversion die European Peoples Party (EVP/EPP).

Ebenfalls in 1976 entstand die Föderation der Liberalen und Demokratischen Parteien in der Europäischen Gemeinschaft, aus der später die ALDE wurde und die auf Betreiben des derzeitigen französischen Präsidenten Emmanuel Macron seit der Europawahl 2019 unter dem Namen »Renew Europe« firmiert.

1981 folgte die Gründung der »Europäischen Freien Allianz« (EFA). In der EFA haben sich verschiedene Regionalparteien zusammenschlossen. Da die EFA alleine nicht die formalen Voraussetzungen für die Gründung einer eigenen Fraktion erfüllt, ist sie im Europäischen Parlament ein Fraktionsbündnis mit den Grünen (Greens/EFA) eingegangen.

Im Jahr 1978 schlossen sich konservative Parteien, die sich nicht als explizit christlich verstanden, zur »Europäischen Demokratische Union« (EDU) zusammen. Denn die EVP wollte zunächst keine nicht-christlichen Mitgliedsparteien in ihre Reihen aufnehmen. Das änderte sich allerdings 1991. Dennoch dauerte es noch elf weitere Jahre, bis sich die EDU 2002 der EVP anschloss.

Ein Jahr nach der EDU, 1979, entstand die Europäische Ökologische Aktion (ECOROPA), die sich 1984 zur »Europäischen Koordination Grüner Parteien« transformierte (EKGP) und aus der später die Europäische Grüne Partei bzw. die European Green Party (EGP) wurde.

Bereits seit 1994 gab es im Europäischen Parlament die Fraktion »Konföderale Fraktion der Europäischen Unitaristischen Linken«, der sich ein Jahr später, 1995, grün-linke Abgeordnete aus nordischen Ländern anschlossen. Seitdem firmierte die Fraktion unter dem Namen Konföderale Fraktion der Vereinten Europäischen Linken/Nordische Grüne Linke bzw. GUE/NGL; 2020 benannte sie sich um in »THE LEFT«. Eine linke europäische Partei – European Left Party – wurde allerdings erst zehn Jahre später, im Jahr 2004, gegründet. In den letzten Jahren hat es weitere Gründungen oft kleinerer europäischer Parteien gegeben, auch auf dem rechten politischen Flügel.

Viele der europäischen Parteien sind als Parteienbündnisse angelegt. Die erste von ihrem Charakter her tatsächlich europäische Partei ist die 2017 gegründete Partei »Volt Europa«. Sie wurde als europäische Partei gegründet und ist in 31 europäischen Ländern vertreten. Seit der Europawahl 2019 hat sie auch einen Sitz im Europäischen Parlament.

Eine rechtliche Grundlage für die Gründung europäischer Parteien entstand allerdings erst mit dem Vertrag von Maastricht, der am 7. Februar 1992 von den Mitgliedsstaaten unterzeichnet wurde und der zum 1. November 1993 in Kraft trat. Dieser Vertrag war ein entscheidender Meilenstein auf dem Weg der politischen Integration und hin zur heutigen EU. Das war auch der Grund dafür, dass dieser Vertrag mit Artikel 138a erstmals EU-rechtliche Grundlagen für europäische Parteien geschaffen hat. In der aktuellen Fassung der EU-Verträge, dem 2009 in Kraft getretenen Vertrag von Lissabon, finden sich die Reglungen zu den europäischen Parteien in Artikel 224 AEUV. Dort heißt es allerdings nur kurz und knapp: »Das Europäische Parlament und der Rat legen gemäß dem ordentlichen Gesetzgebungsverfahren durch Verordnungen die Regelungen für die politischen Parteien auf europäischer Ebene nach Artikel 10 Absatz 4 des Vertrags über die Europäische Union und insbesondere die Vorschriften über ihre Finanzierung fest.«

Zu einer Einigung über ein Statut, in dem die Details zur Arbeitsweise und Struktur europäischer Parteien geregelt sind einschließlich der Parteienfinanzierung und der Finanzierung von parteinahen europäischen Stiftungen, kam es jedoch erst sehr viel später, nämlich im Jahr 2003. Am 16. Juni 2003 stimmte der Ministerrat dem von der Kommission vorgelegten und vom Europäischen Parlament und dem Ministerrat ausgehandelten Statut zu, am 19. Juni 2003 erfolgte die Zustimmung durch das Europäische Parlament. Im Februar 2004 trat dann endlich die »Verordnung über das Statut und die Finanzierung europäischer politischer Parteien und europäischer politischer Stiftungen« – so die offizielle Bezeichnung – in Kraft.

Am 22. Oktober 2014 wurde eine überarbeitete Fassung dieses Statuts vom Parlament und vom Rat verabschiedet, die zum 1. Januar 2017 in Kraft trat. Den wohl augenfälligsten Unterschied zur Fassung des Statuts von 2003 stellt die Einführung der Behörde für europäische politische Parteien und europäische politische Stiftungen (APPF) dar. Die APPF nahm bereits zum 1. September 2016 ihre Arbeit auf.

Was regelt nun das Parteienstatut? Zunächst einmal legt das Statut fest, welche Bedingungen erfüllt werden müssen, damit eine Partei einen Antrag auf Anerkennung als europäische Partei stellen kann. Das Statut benennt dafür in den Artikeln 3 und 4 klare Kriterien: Zunächst braucht eine europäische Partei einen Sitz in einem EU-Mitgliedsland, der mit dem in der Satzung genannten übereinstimmen muss. Weiterhin muss eine Partei in mindestens einem Viertel der Mitgliedstaaten durch Mitglieder des Europäischen Parlaments, von nationalen oder regionalen Parlamenten oder regionalen Versammlungen vertreten sein oder die Mitgliedsparteien der jeweiligen europäischen Partei müssen in mindestens einem Viertel der Mitgliedstaaten bei der letzten Wahl zum Europäischen Parlament mindestens drei Prozent der abgegebenen Stimmen in jedem dieser Mitgliedstaaten auf sich vereinigt haben. Oder: Die Mitgliedsparteien einer europäischen Partei müssen an der Wahl zum Europäischen Parlament teilgenommen haben bzw. öffentlich die Absicht bekunden, an der nächsten Wahl zum Europäischen Parlament teilnehmen zu wollen. Schließlich darf eine europäische Partei keine Gewinnzwecke verfolgen.

Darüber hinaus definiert das Statut Mindestanforderungen an die Satzung einer europäischen Partei. Grundsätzlich muss sie den Rechtsvorschriften des Landes entsprechen, in dem sie ihren Sitz hat. Ein weiterer vorgeschriebener Bestandteil der Satzung ist das politische Programm der Partei, das ihren Zweck und ihre Ziele darlegen muss.

Neben diesen formalen Voraussetzungen benennt das Statut auch inhaltlich Kriterien. Das Programm und die Tätigkeiten einer europäischen Partei müssen im Einklang mit den Werten stehen, auf die sich die Europäische Union gemäß Artikel 2 EUV gründet: Achtung der Menschenwürde, Freiheit, Demokratie, Gleichheit, Rechtsstaatlichkeit und Wahrung der Menschenrechte, einschließlich der Rechte von Personen, die Minderheiten angehören.

Insbesondere dieses inhaltliche Kriterium ist aktuell von hoher Brisanz. Denn streng genommen dürften nach diesem Kriterium rechte Parteien weder als europäische Parteien anerkannt werden noch eine Parteienfinanzierung nach diesem Statut aus dem Haushalt der Europäischen Union erhalten. Laut Wikipedia gibt es seit 2012 sowohl Diskussionen über diese Frage wie auch über einen Missbrauch der europäischen Parteienfinanzierung durch rechte Parteien. Im Februar 2012 wurde die seit 2009 bestehende rechtsextreme Allianz der Europäischen nationalen Bewegungen (AENM) als europäische Partei anerkannt, obgleich die AENM wie auch andere rechte Parteien die laut EU-Parteienstatut notwendige Grundhaltung, »die Grundsätze der Freiheit, der Demokratie, der Achtung der Menschenrechte und Grundfreiheiten sowie der Rechtsstaatlichkeit« zu respektieren, nicht erkennen lassen.

Wird eine Partei dann nach Prüfung ihres Antrags von der Behörde für europäische politische Parteien und europäische politische Stiftungen anerkannt, dann erhält sie den Status einer europäischen Rechtspersönlichkeit (Artikel 12) und genießt in allen Mitgliedstaaten rechtliche Anerkennung und Handlungsfähigkeit (Artikel 13). Vor der Einführung des Parteienstatuts mussten sich die europäischen Parteien durch Mitgliedsbeiträge von Einzelpersonen, von den Mitgliedsparteien sowie Spenden eigenständig finanzieren. Mit dem Parteienstatut von 2003 wurden dann auch Regelungen zur Finanzierung anerkannter europäischer Parteien aus dem Haushalt der Europäischen Union festgelegt.

Auf der vom Europäischen Parlament betriebenen Webseite »So funktionieren politische Parteien auf europäischer Ebene« sind die Regeln zur Finanzierung europäischer Parteien übersichtlich dargestellt. Dort heißt es: »Seit Juli 2004 können europäische politische Parteien vom Europäischen Parlament eine jährliche Finanzhilfe in Form eines Betriebskostenzuschusses erhalten, der bis zu 85% der Ausgaben einer Partei betragen kann. Die restliche Summe sollte aus Eigenmitteln wie Mitgliedsbeiträgen und Spenden gedeckt werden.«

Die zweite spannende Frage ist, wofür die Zuschüsse aus dem EU-Haushalt an die europäischen Parteien verwendet werden dürfen und wofür nicht.

Dazu heißt es: »Die Finanzhilfe kann zur Deckung der Ausgaben verwendet werden, die unmittelbar mit den Zielen zusammenhängen, die im politischen Programm der Partei beschrieben sind, beispielsweise:

- Sitzungen und Konferenzen,
- Veröffentlichungen, Studien und Werbung,
- Verwaltungs-, Personal- und Reisekosten,
- im Zusammenhang mit den Wahlen zum Europäischen Parlament entstehende Kosten für Wahlkampagnen.«

Es handelt sich dabei um zuschussfähige Ausgaben. Nicht verwendet werden darf die Finanzhilfe zur Deckung u.a. von Kosten für Werbekampagnen für Referenden und Wahlen (außer für die Wahlen zum Europäischen Parlament), für unmittelbare oder mittelbare Finanzmittel für nationale Parteien, Wahlkandidaten und politische Stiftungen auf nationaler und europäischer Ebene oder zur Tilgung von Schulden und Schuldendienstgebühren.

Für die Europawahl 2024 sollte es eigentlich eine wichtige Neuerung im EU-Wahlrecht geben: Transnationale Wahllisten, die es den europäischen Parteien ermöglichen, sich als europäische Parteien in allen EU-Mitgliedsländern zur Wahl zu stellen. Bisher erfolgen die Wahlen getrennt nach Ländern und nur nationale Parteien können sich in ihrem jeweiligen Land zur Wahl stellen. Auf seiner Sitzung am 3. Mai 2022 hatte das Europäische Parlament einem entsprechenden Gesetzentwurf mehrheitlich zugestimmt. Der Rat der Europäischen Union, in dem die Regierungen der EU-Mitgliedsländer vertreten sind, hatte dem Gesetzentwurf jedoch nicht zugestimmt, sodass es zur kommenden Europawahl noch keine europaweiten Wahllisten geben wird. Der Gesetzentwurf sah vor, dass zu den aktuell 705 Sitzen des Europäischen Parlaments 28 zusätzliche Sitze über die europaweiten Listen gewählt werden sollten.

Was plant Europas Linke?

Gespräch mit Lothar Bisky

Der damalige Vorsitzende der Linkspartei zu Sozialstandards, Zypern und transatlantischer Kooperation. Der Vorsitzende der Europäischen Linkspartei nahm am Parteitag des griechischen Linksbündnisses Synaspismos teil.[1]

Uwe Sattler: *Synaspismos ist Mitglied der Europäischen Linkspartei (EL). Welche Rolle spielten Fragen der internationalen Politik in Athen?*

Lothar Bisky: Diese spielen natürlich immer eine Rolle, zumal auf dem Kongress von Synaspismos ja Gäste aus verschiedenen Mitgliedsparteien der EL anwesend waren. So habe ich über unsere Pläne für die europäische Politik, über unsere ablehnende Position zum Lissabonner Vertrag und die Vorbereitung der Wahlen zum Europäischen Parlament gesprochen. Darüber hinaus hatte ich Treffen mit dem Botschafter Venezuelas und einem Parteitagsgast aus Bolivien. Dabei haben wir über eine konkrete Zusammenarbeit der Europäischen Linkspartei mit lateinamerikanischen Parteien gesprochen. Wir haben dazu erste Vorstellungen über Termine, Themen und Konferenzorte ausgetauscht. Denn die Zusammenarbeit zwischen EL und der Linken in Lateinamerika ist von großer Bedeutung.

---

[1] Der 2. Kongress in Prag (November 2007) wählte den deutschen Linksparteichef Lothar Bisky (1914–2013) zum EL-Vorsitzenden. Unter Biskys Führung wurden die ostdeutsche PDS und die im Westen entstandene WASG zu DIE LINKE – Bisky galt damit in der EL als Vereinigungsmanager. Im Prager Appell wird ein »Politikwandel«, ausdrücklich inklusive ökologischer Nachhaltigkeit, gefordert. Das Gespräch mit Lothar Bisky erschien in »Neues Deutschland« vom 13. Februar 2008.

Worum soll es konkret gehen?

Unser Ziel ist eine engere Zusammenarbeit mit Lateinamerika, wo es bekanntlich einen linken Aufschwung gibt. Dieser Gedankenaustausch wurde auch immer wieder von Mitgliedern der Parteien der EL angeregt. Wir wollen sehr bald zu einem Treffen kommen, auf dem wir diskutieren werden, welche Gemeinsamkeiten wir in diesem Jahrhundert haben. In Lateinamerika wird ja das Projekt »Sozialismus im 21. Jahrhundert« diskutiert, und wir wollen diese Debatte fortsetzen und vertiefen.

Wurde auf dem Parteitag auch über Aktionen der EL beraten?

Wir werden unser Engagement für soziale Mindeststandards in Europa fortsetzen. Nach der EL-Vorstandssitzung im Januar in Berlin hat Anfang Februar in Wien ein Treffen des linken Gewerkschaftsnetzwerkes stattgefunden, bei dem Schwerpunkte für solche Standards gesetzt wurden. Dazu gehören beispielsweise die Einführung gesetzlicher Mindestlöhne und öffentlich gesicherte Renten, die über der jeweiligen Armutsgrenze in jedem europäischen Land liegen. Wir haben die Arbeit für unsere gemeinsame Plattform für die Europawahlen im kommenden Jahr fortgesetzt.

Nach Griechenland stand Zypern auf Ihrem Reiseplan. Welche Position bezieht die EL zum Konflikt um die geteilte Insel?

Wir haben die Besetzung Nordzyperns immer abgelehnt, dieses Problem muss endlich gelöst werden. Ich persönlich glaube, dass es im Zuge der EU-Beitrittsverhandlungen mit Ankara dafür verbesserte Chancen gibt. Schließlich kann man nicht dulden, dass ein mögliches EU-Mitglied Türkei einen Teil eines anderen Mitgliedstaates besetzt hält.

Bei den Präsidentenwahlen am Wochenende tritt mit Demetris Christofias von der AKEL, der stärksten Partei im Parlament, erstmals ein Linkskandidat an. Wie sehen Sie seine Chancen?

Es ist nicht ausgeschlossen, dass Demetris Christofias neuer Präsident Zyperns wird. Aber wie das so ist – mit Sicherheit kann man das natürlich erst nach der Abstimmung sagen. Ich zumindest will meinen solidarischen Beitrag leisten, deshalb unterstütze ich seinen Wahlkampf.

Nach dem Prager Kongress im November 2007 ist eine größere Aktivität der EL unübersehbar.

Wir sind gut aus den Startlöchern gekommen, aber man muss natürlich immer am Ball bleiben. Bis zum Ende des Jahres soll der Rahmen für eine gemeinsame Wahlplattform der Europäischen Linken abgesteckt und die Zusammenarbeit mit der Linken in Lateinamerika zu ersten konkreten Resultaten gebracht werden.

Barbara Steiner

Kritisches Denken und politischer Dialog

Entstehung und Themen des europäischen Netzwerks transform! europe, das zugleich als Stiftung der Partei der Europäischen Linken fungiert.

Entstanden ist das Netzwerk transform! europe in der Zeit der Sozialforumsbewegung Anfang der 2000er-Jahre. Als »eine andere Welt ist möglich« oder »eine andere Welt ist nötig« der vereinende Slogan der neuen globalisierungskritischen Bewegung und der Linken war. Als der Schock der Implosion der Sowjetunion erstmals überwunden worden war. Als sich Widerstand gegen die neue US-dominierte Weltordnung formierte. Protest gegen das proklamierte Ende der Geschichte, gegen neokoloniale Ausbeutungen und Abhängigkeiten in der globalisierten und zunehmend finanzialisierten Weltwirtschaft und schließlich gegen den Krieg. Die riesigen Mobilisierungen von Seattle, Davos, Genua. Die Sozialforen von Porto Alegre und dann auch in Europa: Florenz. Ein Aufbruch in eine neue Ära der Linken, ein Aufschwung der nicht parteiförmigen Linken, die Zeit der Konsolidierung der neugegründeten oder erneuerten radikalen linken Parteien.

»Transform! Europa wurde gegründet unter Palmen in Porto Alegre« so der langjährige organisatorische Koordinator, dann politische Koordinator von transform! und nunmehrige Präsident der Partei der Europäischen Linken Walter Baier. Vertreter*innen von politischen Stiftungen radikal linker europäischen Parteien trafen einander auf dem ersten Weltsozialforum 2001 in Porto Alegre, Brasilien. Elisabeth Gauthier, Präsidentin von Espaces Marx in Frankreich, Joachim Bischoff vom VSA: Verlag und der Zeitschrift Sozialismus in Hamburg, Marco Berlinguer von der italienischen Partei Rifondazione Comunista, Javier Navascues, Präsident der Stiftung Marxistischer Studien in Spanien, Haris

Golemis, Präsident des Nikos Poulantzas Instituts (NPI) in Athen und Michael Brie, Leiter des Instituts für kritische Gesellschaftsanalyse der Rosa- Luxemburg-Stiftung (RLS), trafen die Entscheidung, ein europäisches Netzwerk der politischen Stiftungen zu gründen. Walter Baier, damals noch Vorsitzender der österreichischen Kommunistischen Partei, war auch daran beteiligt, genauso wie Cornelia Hildebrandt, Referentin im Institut für Gesellschaftsanalyse.

Das erste gemeinsame Auftreten dieses Netzwerks war ein zweitägiges Seminar am Weltsozialforum. Aus diesem hat sich eine kontinuierliche Zusammenarbeit entwickelt. Als sich abgezeichnet hatte, dass 2004 die Partei der Europäischen Linken (EL) gegründet würde und mit den politischen Parteien auf europäischer Ebene auch eine europäische Stiftung geschaffen werden könnte, ist die Frage der vereinsmäßigen Konstituierung aufgeworfen worden. Micha Brie hat die Initiative ergriffen und alle in diesem Netzwerk zusammenwirkenden Organisationen nach Berlin eingeladen. Im Verlauf einer langwierigen Sitzung wurde die Gründung beschlossen und der von Javier Navascues vorgeschlagene Name transform! angenommen. Transform! europe wurde 2007 als belgischer gemeinnütziger Verein gegründet und von der Partei der Europäischen Linken als assoziierte Stiftung anerkannt. Als die Möglichkeit der Registrierung von europäischen politischen Stiftungen per EU-Verordnung geschaffen wurde, gelangte transform! europe 2017 zu einer europäischen Rechtspersönlichkeit.

Ein Netzwerk

Der Charakter transform!s als Netzwerk stand am Anfang. Dieses wuchs stetig, 2007 zählte es 13 Organisationen aus neun europäischen Ländern, 2017 schon 29 Organisationen aus 20 Ländern und heute zählt das Netzwerk 38 Organisationen aus 22 Ländern. Die Mitglieder teilen die Ansicht, dass Europa mehr ist als die EU. Neben mehr oder weniger alteingesessenen Parteistiftungen wie der 1990 gegründeten und 2000 nach Rosa Luxemburg benannten Stiftung der deutschen Partei des Demokratischen Sozialismus und später Die LINKE oder dem 1997 gegründeten Nikos Poulantzas Institut der Partei Synaspismos und später Syriza, gründeten sich auch einige neue politische Stiftungen als Mitglieder des Netzwerks. So sind etwa transform! italia, transform.at in Österreich, transform! danmark und transform! moldova entstanden – sie sind mit radikal linken Parteien in ihren Ländern verbunden, aber relativ klein und haben keine bezahlten Mitarbeiter*innen oder Funktionär*innen. Heute gibt es etwa in Deutschland, Spanien, Italien, Tschechien mehrere Mitgliedsorganisationen.

Mit 2004, 2007 und 2013 erfolgte nach den jeweiligen NATO-Beitritten die EU-Integration der zentral- und osteuropäischen Länder. Sie war nach der Schocktherapie der 1990er, der Transition zum Kapitalismus, in der sie als neoliberale Laboratorien dienten, erneut nicht unbedingt förderlich für die Ökonomien und Sozialsysteme dieser Länder. Doch neben dem turbokapitalistischen Kahlschlag und dem Antikommunismus erschwert auch der historische Revisionismus die Arbeit von radikal linken Organisationen und ihre Möglichkeiten und Sichtbarkeit. Die Erkenntnis, dass auch die Linke unter einem West-Eurozentrismus leidet und die Landschaft der zentral- und osteuropäischen Linken auf der Europakarte von transform! ein blinder Fleck ist, führte dazu, eine Zentral- und Osteuropa-Strategie zu entwickeln und 2015 eine Mitarbeiterin zu diesem Zwecke anzustellen. Seither sind Kontakt, Austausch und Zusammenarbeit mit Linken in Zentral- und Osteuropa und dem Balkan stetig gestiegen.

Die Kritik oder Skepsis gegenüber der EU-Integration ist in transform! wie in der europäischen Linken insgesamt unterschiedlich ausgeprägt. Die Definition, ob man der radikalen Linken, der transformatorischen Linken, der Linken der Linken (links von SP und Grünen) oder der demokratisch-sozialistischen Linken angehört, variiert. Es eint das Bekenntnis zu alternativen Denkansätzen und politischem Dialog, zu kritischer wissenschaftlicher Analyse und politischer Bildung. Ziel ist, so das veröffentlichte Leitbild, »die Überwindung des Krieges, der Dominanz des Kapitals über die Arbeit, der sozialen Ungerechtigkeit, des Patriarchats, der imperialen Herrschaft und des Militarismus sowie des Rassismus«. Mehr noch, »die Arbeit an der Errichtung einer Gesellschaft, in der die freie Entfaltung jedes einzelnen Menschen die Voraussetzung für die freie Entfaltung aller ist. [...] Die Gleichheit aller Menschen und ihre Solidarität sind die wichtigsten Werte, auf denen transform! basiert«. Ein Mittel ist das Herstellen eines Raums für Dialog und zur Verbindung von Politik, Bewegungen, Gewerkschaften und Wissenschaft.

Politische Stiftung und Forschungseinrichtung

Im Gegensatz etwa zur Stiftung der europäischen Grünen versteht transform! sich auch als Forschungseinrichtung, als Stiftung für wissenschaftliche Analyse, kritische Politikforschung und das Erarbeiten von Politikempfehlungen, konkreten Maßnahmen und Vorstellungen, wie die andere, mögliche Welt aussieht oder aussehen könnte. Die Balance zu halten zwischen Netzwerk und Organisatorin von Räumen des Austauschs und dem Anspruch originäre Forschung zu betreiben, ist schwierig. Viel Zeit wird verwendet auf das Zusammenbringen von Menschen und Organisationen, noch zu wenig auf die Publikation und Verbreitung der Ergebnisse. Transform! ist dank seiner Mitglieder und thematisch arbeitenden Mitarbeiter*innen bestens vernetzt. Europäische Intellektuelle aus kritischer Politikwissenschaft, Soziologie, politischer Ökonomie, marxistisch-feministische Wissenschafter*innen und Aktivist*innen, europäische Gewerkschaften und NGOs wie das Transnational Institute oder ATTAC, Migrations- und Friedensorganisationen, ökologische Bewegungen in Europa und global, Aktivist*innen und Künstler*innen für den Frieden in Nahost, das lateinamerikanische Universitätsnetzwerk CLACSO und viele mehr gehören zu den Partner*innen der Stiftung.

Transform! europe unterhält seit einem gemeinsamen Seminar 2019 auf dem dritten von der EL lancierten europäischen Forum der linken, grünen und progressiven Kräfte gute Kontakte zu den Stiftungen der Europäischen Grünen Partei und der Sozialdemokratischen Partei Europas. Vor allem Letztere – die Stiftung für Europäische Progressive Studien – ist ungleich größer, im Budget vergleichbarer ist die grüne europäische Stiftung.

Abhängig von den Europaparlamentsabgeordneten, die für die zugehörige europäische Partei jährlich unterschreiben, gestaltet sich die Höhe der Subvention, um die auch von den Stiftungen der Parteien angesucht werden kann. Die Hälfte der Abgeordneten der Fraktion die Linke im Europäischen Parlament sind Mitglied einer EL-Partei, drei Viertel der Fraktion unterschreiben für die EL und sichern somit auch die Höhe der Subvention für transform!.

Die Zusammenarbeit mit der EL ist gut und – wie in den Gremien und im Netzwerk transform! selbst – voller Respekt und Wertschätzung für die jeweilige Arbeit. Die vielen unterschiedlichen politischen Hintergründe und Kulturen in einem europäischen politischen Raum erfordern politisches Gefühl, auch Geduld und oft Humor. Die EL und transform! organisieren seit 2005 die europäische Sommeruniversität in verschiedenen Ländern Europas, auf Einladung der EL-Parteien. Sie ist ein Fixpunkt für junge und alte Genoss*innen, die internationale und europäische Politik diskutieren und sich vernetzen wollen. Transform! nimmt mit eigenen Seminaren teil an dem Europäischen Forum der linken, grünen und progressiven Kräfte; EL und transform! tauschen sich auf verschiedenen Seminaren und Veranstaltungen aus.

Die Generalversammlung wählte 2020 Conny Hildebrandt (RLS) und Marga Ferré von der Stiftung für kritische Studien der Vereinigten Linken Spaniens zu Ko-Präsidentinnen und Danai Koltsida (NPI) und Yann Le Lann (Espaces Marx) zu deren Vizes. Die politische Koordination wurde 2022 wiedergewählt.

Die Publikationen

2007 erschien die erste Nummer der europäischen Zeitschrift für kritisches Denken und politischen Dialog mit dem Titel »Die Europäische Union neu gründen?«. Zwischen 2007 und 2013 wurde die Zeitschrift zweimal jährlich und in mehreren Sprachen herausgegeben: Englisch, Deutsch, Französisch, Griechisch, oft auch Portugiesisch, Italienisch, Türkisch und einmal auch eine Kurzversion auf Tschechisch.

Charakteristisch waren die Illustrationen mit künstlerischen Werken in den oft über 200 Seiten zählenden Zeitschriften.

Schwerpunktthemen waren etwa »Reform der Revolution«, die »Jahrhundertkrise des Kapitalismus«, die politische, ökologische, Demokratie- und Zivilisationskrise, deren Analyse, Vorschläge und Aussichten der Linken, Rechtspopulismus, ein anderes Europa, aber auch Länderberichte. 2015 erscheint dann das erste Jahrbuch mit dem Schwerpunkt »Vereintes Europa – Geteiltes Europa«. Jährlich erscheinend spiegelt es die Schwerpunkte transform!s – die Interpretation der Niederlage des Widerstands gegen das Troika-Diktat der Austeritätspolitik, Integration, Disintegration und Nationalismus, Populismus, die radikale Linke bis zu den Pandemiepolitiken und dem Verhältnis der Linken zum Staat.

An die tausend Autor*innen schrieben schon für transform!, aber nicht nur für die Zeitschrift oder das Jahrbuch, auch für die Website, den Newsletter und diverse thematische Diskussionspapiere, (e)Publikationen und Dossiers.

Die Themen von transform!

transform! europe – klein geschrieben und mit Rufzeichen. Transform! Europa macht die Autokorrektur im Deutschen meist daraus. Der Name des Netzwerkes ist Programm und appelliert »transformiere dich, Europa!«, »transformiert Europa!«, aber kann auch als Statement gelesen werden, »wir transformieren Europa!«. Wie der Name sagt: Es geht um Transformation, produktive Transformation und später stärker die sozioökologische Transformation, eine Transformation der Gesellschaften, der Geschlechterverhältnisse, der internationalen Verhältnisse.

Die ökonomische und darauf folgende soziale und politische Krise von 2008 und in den Folgejahren dominierte lange das Themenfeld von transform!, die Themen des Widerstands gegen die Austerität und Prekarität, Wirtschaftsdemokratie, die Subjektivität im neoliberalen Kapitalismus, die Schulden- und Eurokrise standen im Fokus. 2015, als die griechische Linke in die Regierung, aber nicht an die Macht kam, so die häufige Einschätzung, gelangte man zu der Einsicht, dass ein Ändern der Kräfteverhältnisse in den restlichen europäischen Ländern die größte Solidarität mit der Bevölkerung in Griechenland und den anderen von der Troika und knallharter Austerität geplagten Ländern darstelle. transform! spielte eine große Rolle in der Organisation von Aufrufen, Treffen und im Mapping der europäischen Solidaritätsinitiativen mit Griechenland.

Zweites Standbein sind die strategischen Perspektiven der radikalen Linken. Nach den beeindruckenden Mobilisierungen und dem niederländischen und französischen Nein 2005 zur EU-Verfassung und dem darauffolgenden Durchdrücken des EU-Vertrags von Lissabon wird die Diskussion über eine linke europäische Integration fixer Bestandteil der Debatten. So auch die Analyse der verschiedenen politischen Akteur*innen in Europa, mit Schwerpunkt auf die Linke und etwa der Linken in der Regierung oder die Perspektiven der Kooperation der südeuropäischen Linken. Aber auch die Sozialdemokratie, die Grünen und die extreme und populistische Rechte stehen immer wieder im Fokus der strategischen Seminare des Netzwerks.

Die Notwendigkeit, soziale und ökologische Kämpfe miteinander zu verbinden, erkannte transform! dank seines engagierten Mitglieds transform! danmark und war 2009 beim alternativen Gipfel zu COP15, dem Klimaforum09 in Kopenhagen präsent. Seither fanden jährliche Konferenzen in Kopenhagen zu Klima- und Ökologiethemen statt und transform! engagiert sich zur produktiven Transformation, mit Klima-NGOs und Gewerkschaften gemeinsam. Auch die Aneignung des Begriffs der Commons – seien es kreative, digitale oder klassische Gemeingüter wie Wasser – oder der Austausch mit den verschiedenen Intellektuellen darüber, die Weiterentwicklung zu Vergesellschaftung und ökologischer Planung passiert im Netzwerk.

Die Frage der Migration, die spätestens nach 2015 auch von den Mitte-Links-Parteien den Rechten überlassen wird, ist ein weiterer Schwerpunkt. Dieser muss mit den Fragen der globalen Strategie der Linken, der Ökologie und dem Frieden zusammengedacht werden.

Vor dem Überfall Russlands auf die Ukraine hat der Vorstand transform!s schon an einem Friedensmanifest gearbeitet, das den sofortigen Waffenstillstand und die Rückkehr an den Verhandlungstisch fordert. Die 2019 von einer Mehrheit der Abgeordneten aller Fraktionen – außer von der Linken – im EU-Parlament verabschiedete Resolution zur Gleichsetzung der Verantwortung für den Zweiten Weltkrieg von Sowjetunion und Nazideutschland folgte auf eine lange Serie von ähnlichen Resolutionen, Konferenzen und Appellen zur revisionistischen und antikommunistischen Geschichtsinterpretation. Transform! lancierte den Aufruf »die Vergangenheit Europas korrekt erinnern«, den mehr als 150 europäische Historiker*innen unterschrieben, auffällig viele vom Balkan, wo der historische Revisionismus und Antikommunismus wie in ganz Zentral- und Osteuropa zum politischen Instrument gegen linke Organisationen gereicht.

2014 fand am Sitz der Rosa-Luxemburg-Stiftung am Franz-Mehring-Platz in Berlin die erste internationale marxistisch-feministische Konferenz statt. Sie nahm die Fäden der marxistischen Feministinnen der 70er-Jahre auf, die beiden Theorien zu verknüpfen und in die Praxis zu setzen. Hunderte Wissenschafter*innen und Aktivist*innen von allen Kontinenten sind seither zusammengekommen, um die Thesen und Perspektiven zu diskutieren. Die 5. Internationale MarxFem-Konferenz findet im November 2023 in Warschau statt und bringt erstmals die zentral- und osteuropäischen Perspektiven und Ansätze ins Zentrum. Letztlich scheint sich die Ansicht durchzusetzen, dass die Frage von Geschlechterverhältnissen, ebenso wie Klasse, neokoloniale Ausbeutung und Rassismus sowie Ökologie in allen politischen und wissenschaftlichen Betrachtungen von transform! als Querschnittsmaterie eine Rolle spielen sollen.

»Wir sind eine konkrete Alternative«

Gespräch mit Pierre Laurent

Der damalige EL-Chef über Strategien der Linken in der Krise und Angriffe auf die europäische Idee.[1]

Ralf Klingsieck: *Welche Strategie verfolgt die Europäische Linke heute angesichts der Krise?*

Pierre Laurent: Wir sind überzeugt, dass die aktuelle Sparpolitik nicht die Lösung ist, sondern im Gegenteil die Krise noch verschärft, wie man das in Griechenland und Spanien beobachten kann und wie es sich auch schon in Frankreich abzeichnet. Auf der einen Seite werden Kürzungen und Privatisierungen auf die Spitze getrieben und andererseits die Banken und Finanzmärkte immer stärker unterstützt. Auf der einen Seite werden immer größere Reichtümer angehäuft, während andererseits die Zahl der Armen zunimmt. Wir wollen eine Politik, die nicht nur für eine gerechtere Verteilung der Reichtümer sorgt, sondern auch eine Mobilisierung der vorhandenen Reichtümer, um die industrielle und soziale Entwicklung zu finanzieren, um in öffentliche Dienste zu investieren.

Welchen Einfluss hat die Europäische Linke darauf? Müsste sie nicht in der Krise erstarken?

Auf europäischer Ebene kann man schon eine wachsende Stärke der Europäischen Linken feststellen in Griechenland mit Syriza, in Frankreich mit der Linksfront, in Spanien mit der Vereinten Linken. In anderen Ländern ist es schwieriger, etwa in Italien. In

---

[1] Im Jahr 2010 übernahm Frankreichs damaliger KP-Chef Pierre Laurent das Spitzenamt der Europapartei; Bisky hatte mit Verweis auf »Beziehungsprobleme« in der Europäischen Linken aufgegeben. In Laurents Amtszeit fand die Europawahl 2014 statt, bei der die EL erstmals mit einem Spitzenkandidaten, dem Syriza-Vorsitzenden Alexis Tsipras, ins Rennen ging. Der Text erschien am 7. Dezember 2012 in »Neues Deutschland«.

Deutschland ist die Lage für die Linkspartei heute etwas besser als noch vor einigen Monaten. Aber es gibt über die Europäische Linke hinaus breite Kräfte, die begreifen, dass die Maßhaltepolitik in eine Sackgasse führt, und die nach politischen Antworten suchen. An sie müssen wir uns wenden, an diese sozialen Organisationen, diese Gewerkschaften, diese Bürgerbewegungen, um mit ihnen Alternativen zu diskutieren und sie zu sammeln. Wir haben auch eine große Verantwortung dafür, dass Netze der Solidarität von gesamteuropäischen Dimensionen geknüpft werden.

Ist das Ihre Antwort an jene, die Ihnen vorwerfen, antieuropäisch zu sein?

Diejenigen, die uns vorwerfen, antieuropäisch zu sein, haben selbst der europäischen Idee die größten Schäden zugefügt. Es sind ihre Sparpolitik und ihre Angriffe auf die Systeme der sozialen Sicherung, die unendlich viele Europäer ohne Hilfe am Wegesrand zurücklassen und den nationalistischen, ausländerfeindlichen, rassistischen und europafeindlichen Kräften Vorlagen liefern und Zulauf verschaffen. Gegen diese Kräfte sind wir eine konkrete Alternative. Wenn man heute die Ablehnung oder die Zerstörung des europäischen Gedankens vermeiden will, dann muss man wählen zwischen denen, die so weitermachen wollen wie bisher, und denen, die wie wir einen neuen Typ Europas vorschlagen, der sich auf feste Fundamente gründet wie Solidarität, Gerechtigkeit und Demokratie.

Wie schätzen Sie die Lage in Frankreich sechs Monate nach Wahlen ein, die dem Land einen linken Präsidenten und eine linke Regierung brachten?

Die Franzosen haben viel Energie aufgewendet, um Präsident Nicolas Sarkozy loszuwerden. Sie erwarten von der gegenwärtigen Regierung einen klaren Bruch zu den Jahren unter Sarkozy. Doch die neue Regierung fährt im Moment noch weitgehend auf den alten Schienen weiter. Sie hat den Fiskalpakt ratifiziert, sie stellt sich nicht den Entlassungswellen in den Weg, sie lässt im Parlament einen Sparetat verabschieden. Angesichts dieser

Situation machen sich bei den einen Enttäuschung und Verärgerung breit, bei anderen weckt das im Gegenteil echten sozialen Kampfgeist.

Wie erklären Sie sich diese kritische Haltung der Franzosen gegenüber der neuen Regierung?

Das ist nicht zuletzt ein Ergebnis der Arbeit der Linksfront in den zurückliegenden Wahlkampagnen. Wir haben unseren Anteil an der Niederlage von Nicolas Sarkozy, aber wir haben die Wähler aufgerufen, auch nach dem Sieg der Linken wachsam zu bleiben und nicht von den eigenen Forderungen abzurücken. Wir konnten in diesem Herbst eine starke Mobilisierung feststellen gegen die Deindustrialisierung, gegen die Massenentlassungen, gegen den Stellenabbau im öffentlichen Dienst. Die Rolle der Linksfront besteht darin, ihr ganzes Gewicht für diese Mobilisierungen einzusetzen und so für Änderungen und Kurskorrekturen der Regierungspolitik zu sorgen. Ich glaube, das ist möglich, weil diejenigen, die eine Sparpolitik ablehnen, letztlich auch jene sind, die den Sieg der Linken erst möglich gemacht haben.

Cornelia Hildebrandt

Es ist notwendig, für eine europäische Linke zu kämpfen

Zur Situation linker Parteien in Europa und deren Herausforderungen[1]

Wenn man im Herbst des Jahres 2023 über die Linken in Europa schreibt, so unternimmt man diesen Versuch in Zeiten von Krieg, Krisen, Klimawandel und komplexen globalen Umbrüchen.

Der Angriffskrieg Russlands auf die Ukraine, die globalen Umbrüche des fossilen zum postfossilen Kapitalismus, verbunden mit einer Neuausrichtung der Globalisierung, bei der sich neu formierende konkurrierende Machtblöcke global gegenüberstehen und einander bedrohen, hat unmittelbare Auswirkungen auf die Entwicklung der Europäischen Union. Bisherige Fragen, wie die nach der Rolle der EU in den globalen Auseinandersetzungen, der EU-Autonomie, der EU-Erweiterung und Integration sowie deren institutionellen Verfasstheit, stellen sich heute verschärft. Zugleich beförderte der Brexit-Moment – die erstmalig umgesetzte Exit-Option – und auf andere Weise die Maßnahmen der Corona-Pandemie mit der Aussetzung des Stabilitäts- und Wachstumspaktes Politikansätze, die auf eine stärkere ökonomische und soziale Ausgewogenheit zwischen den EU-Ländern zielte. Dies ging einher mit der Ausweitung der Europäischen Säule sozialer Rechte zur Armutsbekämpfung, untersetzt mit konkreten Aktionsplänen bis hin zu einer Kindergarantie (Kindergrundsicherung) in 2021, beschlossenen EU-Mindestlöhnen in 2022 und verstärkten Debatten zum Mindesteinkommen und zur sozialen Absicherung der Pflege (Strategie zur Langzeitpflege) für ältere Menschen seit 2023.

---

[1] Dieser Text beruht auf dem Beitrag »Zur Schwäche der Linksparteien in Europa – eine Momentaufnahm« in der Zeitschrift »Berliner Debatte Initial«, Heft 4-2022.

Doch die mit dem Krieg in der Ukraine verbundenen Kosten und Lasten für die Mitgliedsländer der EU wie der anhaltenden Inflation und den hohen Energie- und Lebenshaltungskosten sowie die bereits vor dem Ukraine-Krieg von der NATO avisierte Erhöhung der Militärausgaben auf zwei Prozent des BIP verringern die noch vorhandenen geringen Spielräume für eine sozial- und ökonomisch ausgleichende EU-Innenpolitik – erst recht, wenn der Fokus europäischer Politik sich wieder auf die globale Wettbewerbsfähigkeit konzentriert (von der Leyen 2023).

Zu den immer wieder neu aufbrechenden und sich verstärkenden Konfliktlinien in der EU gehören u.a. die nachfolgend genannten:

- *zwischen der Militarisierung der EU*: EU-autonom oder im Bündnis mit der NATO, als Teil oder abseits der europäischen Front gegen Russland; gegen oder offen für Verhandlungen mit Russland, gegen oder für die Entwicklung friedenspolitischer Initiativen.
- Zwischen dem *Festhalten an fossiler Produktions- und Lebensweise* gestützt auf einen neuen, militärisch-industriellen Komplex versus *Neuausrichtung einer klimagerechten Industrie* mit Maßnahmen eines Green New Deals
- der Neuausrichtung der neoliberalen Austeritätspolitik versus einer stärker sozial-ökonomisch ausgleichenden EU-Politik zur Verringerung sozialer und ökonomischer Ungleichgewichte in der EU und zentrifugaler Fliehkräfte sowie gegen die sich fortsetzende Erosion der sozialen und demokratischen Fundamente
- die *Verteidigung der Demokratie und demokratischer Institutionen vs. Akzeptanz* autoritärer oder faschistischer Tendenzen bis hin zur politischen Kooperation.

Ungeachtet dieser inneren Widersprüche erscheint für eine Mehrheit der Menschen die EU zunehmend als Schutzmacht und Sicherheitsraum.

Der Blick auf Europa verändert sich

Mehr als sechs von zehn Europäern (62%) halten die Mitgliedschaft ihres Landes in der EU für eine gute Sache, 72% sind der Meinung, dass ihr Land von der EU-Mitgliedschaft profitiert, 22% sehen das nicht so. Aus Perspektive der Befragten verbinden die EU-Länder mit ihrer EU-Mitgliedschaft mehr Frieden und Sicherheit (36% der Befragten), mit der Zusammenarbeit zwischen den Mitgliedsstaaten (35%), mit Wirtschaftswachstum (30%), mit mehr Arbeitsplätzen/Freizügigkeit und mehr Bedeutung in der Welt als EU-Mitgliedsland. 18% verbinden dies immerhin noch mit der Anhebung des Lebensstandards und 16% mit Maßnahmen gegen den Klimawandel.

79% der Menschen sprechen sich für die europäische Zusammenarbeit zur Sicherung nachhaltiger Infrastrukturen aus, 77% für eine gemeinsame Verteidigungspolitik und 70% auch für eine gemeinsame Außenpolitik. Diese hohen Zustimmungswerte stehen im Zusammenhang mit der Gefahr einer Ausweitung des Ukraine-Krieges – eine Gefahr, die 2022 von 81% der Menschen gesehen wurde. Über 70% der Befragten unterstützen eine gemeinsame Handels- und Geldpolitik – in der Eurozone über 80% – d.h. Vertreter*innen von EU-Exit-Optionen sind deutlich marginalisiert. Selbst die extreme Rechte fordert eine andere, stärker national ausgerichtete EU, jedoch nicht den Austritt ihrer Länder. Zu unsicher sind die globalen Entwicklungen mit Auswirkungen auf Europa.

Dies spiegelt sich auch in der Entwicklung des Optimismus-Index (Eurobarometer): 2021 lag dieser bei minus 35 Prozentpunkten auf ähnlich negativem Niveau wie 2008 – dem Jahr der Finanzmarktkrise. Dieser Wert lag 2022 bei minus 24 und liegt im Herbst 2023 bei minus 16. Selbst wenn im Frühjahr 2024 die Menschen optimistischer in die Zukunft sehen, so bleibt eine anhaltende Verunsicherung, die einhergeht mit wachsender Unzufriedenheit und Parteienverdrossenheit und die politisch weiter nach rechts treibt. Dies zeigen die Rechtsverschiebungen auf nationaler und europäischer Ebene.

Zum Rechtsruck in der EU

Sowohl die EU-Wahlen 2019 als auch zahlreiche nachfolgende Wahlen auf nationaler Ebene verweisen auf einen sich verstärkenden Rechtstrend in der EU, der von links derzeit kaum gestoppt werden kann. In Italien regiert die neofaschistische Fratelli d'Italia (Brüder Italiens), die bei den letzten Wahlen im Bündnis mit Lega, Forza Italia und NOI Moderati 12 Millionen Wähler*innen an sich binden konnte und mit über 43% stärkste Kraft wurde. Die Partido Democratico mit Kleinparteien im Bündnis kam lediglich auf 26% der Wählerstimmen und das linksradikale Bündnis Unione Populare scheiterte mit 1,43%. Auch in Finnland ist die extreme Rechte an der Regierung beteiligt und stellt acht von 20 Ministern, darunter das Justiz- und Innenministerium. In Schweden wird die neue Regierung der drei Rechtsparteien von den Schwedendemokraten gestützt. In Frankreich griff Marine Le Pen als zweitstärkste Partei mit der Unterstützung von 13 Millionen Wähler*innen nach der Macht und liegt derzeit in den Umfragen bei über 20%. Aber auch in anderen Ländern der EU bleibt die extreme Rechte auf hohem Niveau oder wird stärker, auch wenn dort wie in Belgien sich die belgische Arbeiterpartei mit derzeit 20% in den Umfragen den Parteien der extremen Rechten (Vlaams Belang und N-VA: 45%) entgegenstellt. In Österreich liegt trotz aller Skandale die FPÖ wieder bei 29%, während die KPÖ immerhin auf 3% verweisen kann. In Deutschland ist DIE LINKE in extremer Krise und liegt in den Umfragen zwischen 4% und 5%, während die AfD in den Umfragen bei 21% liegt und selbst in Bayern und Hessen bei den Landtagswahlen im Oktober 2023 zweitstärkste Kraft wurde. Auch in Bulgarien kommt derzeit die rechtsextreme Rival auf 16 %, in Portugal die Chega auf 13% vor dem Bloco mit 7%. Und in den Niederlanden liegt die PVV ebenso wie die spanische VOX bei 11%.

Angesichts dieser Entwicklung versuchen die Parteien der Mitte sich darauf konzentrieren, die radikale Rechte aus der Regierung herauszuhalten. Das führt allerdings dazu, dass die Parteien der Mitte, in Regierungskoalitionen enger aneinandergebunden, paradoxerweise den Raum für die radikale Linke verkleinert haben. Zugleich aber bewirken die Fortsetzung neoliberaler Politikansätze nach dem Auslaufen von Corona-Ausgleichsmaßnahmen und die anhaltende Rezension und mehr noch die Übernahme rechter Narrative ihrerseits gesamtgesellschaftliche Rechtsverschiebungen vor allem zu Migration und Einwanderung. Dafür steht nicht zuletzt auch der EU-Pakt für Migration und Asyl, dem die Sozialdemokraten und Grünen im Parlament zugestimmt haben.

Zur Landschaft der Linksparteien im Jahr 2023

Wenn man sich auf die Linksparteien in Europa bezieht, dann sind vor allem jene Parteien gemeint, für die die Frage der Gleichheit und des Internationalismus prägend sind, die sich mit den linken Traditionen der Arbeiter*innenklasse identifizieren, für eine grundlegende Transformation des Kapitalismus eintreten und dessen Alternative zumeist als Sozialismus bezeichnen.[2] Letztgenanntes ist bei den Parteigründungen nach 2015 nicht mehr der Fall: bei Podemos und La France Insoumise (LFI) fehlen programmatische Bezüge zum Sozialismus. Anders die polnische RAZEM (Linke Gemeinsam), die sich nach eigenem Bekunden an der Sozialdemokratie, an progressiven Kräften und am demokratischen Sozialismus orientiert. In Bezug auf das Parteiensystem verorten sich die Linksparteien links von der Sozialdemokratie und von den Grünen.

In den postsozialistischen Ländern wurden zahlreiche Verantwortungsträger der kommunistischen und sozialistischen Staatsparteien zu den Managern der neuen politisch-ökonomischen Systeme, zur neuen politischen Klasse eines Kapitalismus im neoliberalen Umbruch. Auch wenn die politischen, wirtschaftlichen und sozialen Transformationsprozesse in diesen Ländern unterschiedlich verliefen, hat ein Großteil der sozialdemokratischen Parteien in diesen Ländern ihre Wurzeln in den früheren kommunistischen Parteien. Dort, wo kommunistische Parteien eigenständig weiterexistierten, blieben sie gesellschaftlich und politisch marginal und außerhalb der Parlamente. Eine Ausnahme bildet die Kommunis-

---

[2] Hildebrandt, Cornelia/Kotsida, Danai/Bouma, Amieke (Hrsg.) (2021): Left Diversity zwischen Tradition und Zukunft. Linke Parteienprojekte in Europa und ihre Potenziale. Einleitung S. 10.

tische Partei Böhmens und Mährens in Tschechien (KSCM). Völlig anders verliefen die Umbruchprozesse in Deutschland mit dem Beitritt der DDR. Ihre frühere Staatspartei – die Sozialistische Einheitspartei Deutschlands (SED) – formierte sich in schwierigen Umbruchprozessen zur Partei des demokratischen Sozialismus (PDS), eine der beiden früheren Quellparteien der LINKEN.

Die Linksparteien schaffen es trotz der Erfolge einzelner Parteien auf nationaler Ebene – wie von Sinn Fein in Irland, der belgischen Arbeiterpartei PTB und jüngst der KPÖ in Österreich – bisher nicht, systematisch an einem sozial-ökologischen Richtungswechsel auf nationaler und europäischer Ebene zu arbeiten. Auch wenn es ihnen gelang, mit der Durchsetzung eines Mindestlohns in den EU-Ländern und der Setzung klimapolitischer Schutzmaßnahmen zur Re-Naturierung europapolitisch wirksam zu werden. Anders beim EU-Asyl- und Migrations-Pakt – dieser gehört zu den schweren Niederlagen der Linken.

Zu den europäischen Akteuren der Linken 2022

Nach den Aussagen des europäischen Analyse- bzw. Umfrageblogs »Der Föderalist« vom September 2023 würde die Linksfraktion im Europaparlament ca. 42 bis 45 Sitze erhalten und doch wie bisher (derzeit 37) die kleinste Fraktion im Europaparlament (EP) bleiben.

Allein acht Sitze würde Mélenchons LFI erhalten, sechs die irische Sinn Fein, fünf die spanische SUMAR unter Yolanda Díaz, bisherige Vizepräsidentin und Ministerin für Arbeit und Sozialwirtschaft der Regierung unter dem Sozialisten Sanchez. Relativ sicher scheinen derzeit drei EU-Mandate für die Belgische Arbeiterpartei (PTB) zu sein, ebenso je zwei Mandate für die zyprische AKEL, für die schwedische Linkspartei und je ein Sitz für den portugiesischen Bloco, die finnische Linksallianz und die spanische Bildu. Völlig offen und kaum zu bestimmen sind Prognosen für die LINKE in Deutschland angesichts einer möglichen Abspaltung durch eine Wagenknecht-Partei, und für die griechische Syriza nach dem Rücktritt von Alexis Tsipras und der Wahl von Stephanus Kasselakis, dem früheren Investmentbanker von Goldman Sachs zum neuen Vorsitzenden der Partei. Die niederländische Sozialistische Partei (SP) – derzeit in den Umfragen bei 3% – ist ebenso chancenlos, wie es die tschechischen Kommunisten mit derzeit 4% sind. Die griechischen Kommunisten (KKE) sind seit Jahren nicht mehr Teil der Linksfraktion – derzeit würden sie zwei fraktionslose EU-Abgeordnete stellen.

Damit würde eine solche Fraktion Vertreter von elf Parteien aus neun Ländern umfassen. D.h. die Linke im Europaparlament präsentiert ca. ein Drittel der Linken der EU-Mitgliedsländer. Wichtige EU-Länder wie die Niederlande, Italien und ggf. auch Österreich werden nicht vertreten sein. Mit dem Ausscheiden der KSCM werden auch keine Vertreter mehr aus den ost-mitteleuropäischen Ländern in der Fraktion sein – die polnische RAZEM orientiert sich eher als Teil des Bündnisses Lewica an den sozialdemokratischen Parteien. Damit aber ist die Perspektive postsozialistischer Länder mit den spezifischen Entwicklungsproblemen europäischer Peripherien und der Länder entlang der Grenzen zu Russland, die sich am stärksten von den neuen Block-Konfrontationen betroffen fühlen, nicht in der Linksfraktion präsent. Diese Perspektiven müssen jedoch angesichts des zunehmenden politischen Gewichts der baltischen und mittelosteuropäischen Länder bei der Formulierung vor allem auch der außenpolitischen Positionen der Linken mitgedacht und einbezogen werden.

Darüber hinaus stellt sich ein weiteres Problem. Die derzeit 37 Europaabgeordneten der Left-Group kommen aus 13 Ländern und bilden 19 nationale Delegationen. Somit setzt sich auf europäischer Ebene die nationale Fragmentierung der Linksparteien fort und erschwert vor allem dann, wenn die Linksparteien in ihren Ländern in Konkurrenz zueinander stehen, die Formulierung gemeinsamer europapolitischer Positionen. Das betrifft z.B. die portugiesische, die spanische Linke und ggf. auch die französische Linke – falls den Kommunisten ein Einzug ins Europaparlament gelingen sollte.

Von den derzeit starken Parteien in der Linksfraktion im EP (Syriza, LFI und DIE LINKE) scheint nur LFI seine Stärke zu behalten. Darüber hinaus gehören zu den wichtigen Parteien in der Fraktion Sinn Fein, die Belgische Arbeiterpartei (PTB) und die schwedische Linkspartei, die allerdings alle drei keine Mitgliedsparteien der Europäischen Linkspartei sind.

Während die Linksfraktion im EP nur die parlamentarisch verankerten Parteien erfassen kann, steht die Partei der Europäischen Linken (EL), die als Dachorganisation, als »Partei von Parteien« agiert, vor dem Problem, dass von ihren 25 Mitglieds- und 11 Beobachterparteien lediglich acht im Europaparlament und nur neun Parteien auf nationaler Ebene parlamentarisch vertreten sind. Die EL vereint neben Syriza, der Izquerda Unida, dem Bloco, der LINKEN und den skandinavischen Linken aus Finnland und Dänemark und Mélenchons LFI als Beobachterpartei vor allem Klein- und Kleinstparteien aus Europa, insbesondere auch aus den ost-mitteleuropäischen Ländern, und Parteien über die Grenzen der EU hinaus, wie die Linksparteien aus Belarus, Moldau, der Türkei und Großbritannien.

Zwischen linker EP-Fraktion und Europäischer Linkspartei ergeben sich damit nur zu einem Teil gemeinsame Mitgliedschaften, die – blickt man auf die politische Landschaft insgesamt – eher komplementär zueinanderstehen und angesichts der sich verändernden Konfliktlinien in Europa geradezu nach einer Kooperation verlangen. Diese ist bisher kaum entwickelt, obwohl die Logik der EP-Fraktion wie auch der EL maßgeblich durch ihre nationalen Parteien geprägt, d.h. europäische Politik immer auch national rückgekoppelt wird.

Eine engere Kooperation würde der Fraktion helfen, ein besseres Verständnis der Situation in den nicht vertretenen Ländern zu entwickeln und der EL wiederum helfen, ihrem konsensualen Forderungskatalog parlamentarisch stärkeres Gewicht zu verleihen.

Auch die Kooperation zwischen den Linksparteien in Europa ist weiter ausbaufähig und möglich, wie der Kampf um die Freigabe der Patente, der Kampf um verbesserte Pflege und vor allem der Kampf um bezahlbares Wohnen zeigen.

Denn all das ist notwendig angesichts der neuen Herausforderungen: der politischen, sozialen und wirtschaftlichen Umbrüche in Zeiten von Krisen, Kriegen und Klimakrisen, neuen Kämpfen um Ressourcen und Rohstoffen und drohenden Wellen der Verarmung und angesichts neuer Herausforderungen einer sich durchsetzenden Digitalisierung einschließlich der neuen Entwicklungen von künstlicher Intelligenz.

Politische Probleme der Linken

Zu unterscheiden ist zwischen den sich für die Linksparteien verschlechternden Rahmenbedingungen und den Entwicklungsproblemen der Linksparteien selbst.

Programmatische, strategische Unschärfen und Leerstellen infolge der Verschränkung von Krieg und Krisen

Die unmittelbar wirksame globale Verschränkung von Krieg, Inflation und Klimakrise bedeutet für die Linksparteien in Europa, dass – anders als nach der Finanzmarktkrise 2008/2009 und der dann brutal einsetzenden Austeritätspolitik – sich heute die soziale Frage direkt mit den Auswirkungen des Krieges in der Ukraine verbindet und den längst zerstörerisch wirkenden Klimaveränderungen.

Damit aber wird das Anforderungsprofil an eine moderne europäische Linke komplexer. In der sozialen Frage sind sich alle Linksparteien einig: Alle fordern Maßnahmen gegen Preisanstiege infolge der Inflation, der Stärkung des öffentlichen Sektors vor allem in Pflege, Gesundheit, Wohnen und ÖPNV. Zu den konkret erhobenen Forderungen gehören u.a. die Einführung einer Übergewinnsteuer, die Deckelung von Energie- und Gaspreisen, die Erhöhung von Sozialtransferleistungen und der Mindestlöhne.

Die meisten Linksparteien in Europa haben längst auch die ökologische Frage – ähnlich wie die LINKE in Deutschland – programmatisch verankert. Für die skandinavischen Linksparteien, insbesondere der Rot-grünen Einheitsliste (RGA), gehören ökologische Fragen zum Selbstverständnis der Parteien. Die weitestgehenden Überlegungen finden sich allerdings bei LFI, die seit 2019 die ökologische Frage programmatisch und strategisch systematisch entwickelt. Im Wahlprogramm 2022 ging es u.a. um die Reduktion der Treibhausgas-Emissionen um 65% bis 2030, um den

Übergang »zur ökologischen und bäuerlichen Landwirtschaft«, um die Senkung der Mehrwertsteuer für den ÖPNV, ein Flugverbot für Flüge unter drei Stunden und die Schaffung von mindestens einer Million Arbeitsplätze durch Investitionen in ökologische und soziale Branchen. Dazu soll ein »Pool öffentlicher Banken« geschaffen werden. All dies steht auch im Programm der Wahlallianz NUPES. Mit den Forderungen zur Nationalisierung der Großbanken sowie der Re-Nationalisierung kritischer Infrastruktur von Post und Bahn gehen LFI und Kommunisten der PCF über diesen Forderungskatalog hinaus. Unterschiedliche Positionen gibt es – und das nicht nur in Frankreich – zur Atomenergie, sie wird von den französischen Kommunisten gleichermaßen verteidigt wie von der tschechischen KSCM.

Vor der größten Herausforderung stehen die Linksparteien jedoch durch die Verknüpfung von sozialer Frage und dem Krieg in der Ukraine. Einig sind sich alle Linksparteien in der Verurteilung des russischen Angriffskrieges gegen die Ukraine. Aber bereits die Schärfe der Verurteilung verweist auf Unterschiede zwischen den Linksparteien, die sich vor allem auf die Bewertung der Mitschuld der NATO bezieht, konkret auf deren Osterweiterung und die Ignoranz gegenüber russischen Sicherheitsbedürfnissen.

Die Mehrheit der Linksparteien der (EL) lehnt die NATO noch immer als interessengeleitetes Militärbündnis ab. Im Unterschied dazu sehen die linken Kräfte in den baltischen Ländern und ebenso die RAZEM in Polen in der NATO die bisher einzig reale Schutzmacht gegenüber Russland. Das gilt auch für Teile der Linksallianz in Finnland: neun von 16 Abgeordneten stimmten für den Beitritt des Landes zur NATO. In Schweden schlägt die Linkspartei ein Referendum zur Mitgliedschaft Schwedens in der NATO vor. Sie selbst sieht in der Unabhängigkeit Schwedens von Militärbündnissen die größeren Sicherheitsgarantien für das Land.

Eine andere offene Frage ist, wie sich die europäischen Linken zur Idee einer Europäischen Armee verhalten – eine Diskussion, die offenbar in Syrzia und ebenso in der LINKEN geführt wird. Der Leiter der Abteilung für auswärtige Angelegenheiten von Syriza, Yorgos Katrugalos, spricht sich offen für eine europäische Armee aus, die vor allem von Mélenchons LFI kategorisch als gefährliches Projekt Macrons abgelehnt wird.

Gegensätzliche Standpunkte gibt es in Bezug auf die Lieferung von Waffen. Während die italienische Rifondazione, die belgische PTB, Syriza und auch die spanische Linke von KP, Izquierda Unida und Podemos sich klar gegen Waffenlieferungen aussprechen und es auch in der LINKEN gemäß der Beschlusslage des Erfurter Parteitags eine klare Position gegen Waffenlieferungen gibt, sind die Stellungnahmen z.B. der schwedischen Vänsterpartiet (Linkspartei) weniger eindeutig. Entgegen dem Votum ihres Parteivorstandes hat die Partei im Parlament gegen Waffenlieferungen gestimmt. Im Unterschied dazu sieht die finnische Linksallianz die Notwendigkeit von Waffenlieferungen an die Ukraine. Auch die polnische RAZEM unterstützt Waffenlieferungen, wobei es der Partei darüber hinaus auch um die Unterstützung mit grundlegenden Hilfsgütern für die Zivilbevölkerung sowie um nachrichtendienstliche und medizinische Hilfen gehen muss.

Die Mehrheit der Linksparteien unterstützt auch Sanktionen vor allem als nichtmilitärische Option, wobei es Unterschiede gibt hinsichtlich ihrer Ausrichtung. So fordert neben der LINKEN auch der portugiesische Bloco, dass diese sich gegen die russische Elite, gegen das System Putins richten müssen. Andere Parteien wie Sinn Fein, die finnische Linksallianz und die schwedische Linkspartei fordern umfassende Sanktionen. RAZEM verlangte darüber hinaus auch den Ausschluss Russlands aus dem Council of Europe (Europarat). Gegen Sanktionen haben sich die Left Unity aus Großbritannien, die Izquierda Unida und die AKEL ausgesprochen. Aus deren Perspektive treffen diese eher die Arbeiter*innen in Russland und nicht die Oligarchen. Die AKEL verweist darauf, dass Sanktionen zu gewollten, aber auch zu nicht gewollten Konsequenzen führen werden und die Menschen in Europa dafür den Preis zahlen müssen.

Genau darin besteht nun das Dilemma der Linksparteien, die mehrheitlich Sanktionen als nichtmilitärische Instrumente gegen das Regime Putin unterstützen, diese Instrumente jedoch ökonomische und soziale Verwerfungen in den EU-Ländern selbst zu produzieren scheinen durch den Abbruch von Produktions- und Handelsbeziehungen (auch jenseits von Strom und Gas) und die Unterbrechung von Lieferketten, die ihrerseits Preissteigerungen von Strom-, Gas- und Lebenshaltungskosten zur Folge haben. Vor diesem Dilemma stehen die Rechtsparteien in Europa nicht. Diese lehnen mehrheitlich die Sanktionen als Preistreiber und Inflationsbeschleuniger ab und können mit ihrer »schlüssigen Geschichte« für kommende Wahlen mobilisieren. Gegen ein solches Narrativ, das letztlich eine »Kriegserzählung« bleibt, müssen die Linksparteien auf eine wirkliche »Friedens- und Abrüstungserzählung« setzen, die auf einem erweiterten Verständnis von Sicherheit basiert, als »Friedenserzählung« über soziale Gerechtigkeit, alternatives Wirtschaften und sozial gerechten ökologischen Wandel mit Lebensperspektiven für alle in einem demokratisch und menschenrechtlich verfassten Europa.

Dass die Formulierung einer gemeinsamen friedenspolitischen Position im Vorfeld der Europawahlen nicht einfach sein wird zwischen jenen, die eine stärkere Akzentuierung der Rolle der NATO und jenen, die sie als bisher einzig reale Schutzmacht sehen, zeigte die schwierige, aber letztlich mögliche Kompromissfindung auf dem EL-Parteitag in Wien im Dezember 2022. Allerdings hat die finnische Linksallianz auch als Konsequenz dieser Debatten in den Beobachterstatus gewechselt.

Mit dem Krieg in der Ukraine verändert sich auch die Bedeutung linker Stimmen aus den postsozialistischen Ländern. Deren Perspektive angesichts der anhaltenden Schwäche nach dem Scheitern des Staatssozialismus fehlte in den Strategiedebatten der europäischen Linken oft. Doch seit 2015 verändert sich dies zunächst mit RAZEM in Polen, Levica in Slowenien ab 2014 und Možemo in Kroatien seit 2019. Dies ist auch deshalb von Bedeutung, weil für die Zukunft der EU nicht nur die Größe und die ökonomische Stärke eines EU-Landes, dessen Einbindung in die europäische und internationale Arbeitsteilung, sondern auch die geografische Lage entlang der neuen Grenzen, der sich herausbildenden neuen globalen Blockkonfrontation gegenüber Russland (und China) entscheidend ist. Die Länder entlang dieser Grenzen, insbesondere Finnland, Polen und die baltischen Länder, bekommen ein stärkeres Gewicht. Ob die relativ schwachen Linken in diesen Ländern sich gegen einen sich dort etablierenden transnationalen Patriotismus mit nationalistischen Öffnungen wehren können, bleibt eine offene Frage.

70% der Wähler*innen der Linksallianz sind persönlich bereit, sich im Falle eines Angriffs auf Finnland entsprechend ihrer Kompetenzen und Fähigkeiten an Aufgaben der Landesverteidigung zu beteiligen. Dieser Wert lag 2020 bei 50%. 75% der Wähler*innen des Linksbündnisses würden zu den Waffen greifen, um sich in jeder Situation zu verteidigen, auch wenn der Ausgang ungewiss erscheint. 2021 lag diese Zahl bei 43% und im Jahr 2020 bei 50%. Bei den Wähler*innen der Linksallianz war der Anstieg am größten.

Divergierende Positionen zur Europäischen Union

Obwohl sich die Linksparteien in ihrer Kritik an der aktuellen neoliberalen Ausrichtung der EU einig sind, vertreten sie unterschiedliche Positionen zur Zukunft der Union. Die Mehrheit der Linksparteien sieht die EU als gegeben an und unterstützt verschiedene Grade der europäischen Integration. Mit dem Brexit sind die Debatten über einen EU-Austritt weitgehend verstummt. Selbst in Dänemark und Schweden verschieben sich die Positionen. Das dänische Rot-Grüne-Bündnis steht heute eher auf EU-kritischen Positionen, wie die Mehrheit der Linksparteien der EL. 2019 trat es erstmals mit einer eigenen Parteiliste bei den EP-Wahlen an und nicht mehr als »Volksbewegung gegen die EU«. In der schwedischen Vänsterpartiet (Linkspartei) wird von der Parteiführung der Wechsel von der totalen Opposition zu einer Position des »Wandels von innen« vorangetrieben und findet vor allem bei jenen Parteimitgliedern Unterstützung, die erst kürzlich der Partei beigetreten sind.

Der Fokus der Linksparteien in Europa liegt auf einer grundlegenden Veränderung der Europäischen Verträge, um die EU demokratischer und rechenschaftspflichtiger zu gestalten und um linke sozial-ökologische Politikansätze wie die Verbindlichkeit der Sozialcharta der EU, den Ausbau und die Stärkung der sozialen Säule voranzubringen. Zugleich verstehen sich die Linksparteien als Kraft gegen den weiteren Ausbau der EU als »Festung Europa«, gegen die Abschaffung des Asylrechts und gegen die Militarisierung der EU, einschließlich der mit dem »Strategischen Kompass« der EU festgeschriebenen militärische Aufrüstung in Höhe von 2%-Militärausgaben des GDP in den EU-Mitgliedsländern und ihre Einbindung in die transatlantische Zusammenarbeit der NATO.

Angesichts der aktuellen EU-Entwicklungen wären eine stärkere Ablehnung und EU-Skepsis, vor allem gegenüber den Institutionen (EU-Rat, EU-Kommission und EZB), naheliegend. Zugleich jedoch gibt es keine relevante gesellschaftliche Unterstützung für einen wie auch immer gearteten Ausstieg; die Linken in Europa müssen neue Wege der Auseinandersetzung suchen.

La France insoumise vertrat bereits 2019 Überlegungen gezielter nationaler Brüche der EU-Verträge. Die Idee, europäische Gesetze auf nationaler Ebene dort zu brechen, wo sie gegen die sozialen, politischen und Menschenrechte verstoßen und wo sie sozial-ökologische Transformation unmöglich machen, ist verlockend, zumal dies bereits von rechts als Instrument der Regierungen Polens und Ungarns genutzt wird, hier allerdings durch praktizierte Aufweichung der Gewaltenteilung als zentrale Säule demokratischer Verfasstheit der EU-Staaten.

Dadurch aber stellt sich die Frage nach dem Verhältnis von nationaler und europäischer Politik, zumal die europäische Ausrichtung der Arbeit von Fraktion und ebenso der EL letztlich immer durch die Rückbindung an die nationalen Entscheidungsträger geprägt wird. Damit ist die europapolitische Arbeit von Fraktion und EL vor allem dann erfolgreich, wenn diese von den nationalen Parteiführungen mitgetragen wird. Für den Fall, dass in der EP-Fraktion kein Konsens erreicht werden kann, können europapolitische Positionen über einzelne oder kooperierende Delegationen oder Abgeordnete eingebracht werden oder sie werden, wie in zahlreichen Dokumenten der EL, so allgemein gehalten, dass sie von allen Parteien mitgetragen werden können bzw. ein Konsens nicht gefährdet wird. Das mag als wenig erscheinen, bedeutet aber, die eigenen Institutionen zu anderen Fragen handlungs- und interventionsfähig zu halten, ohne sich aufzuspalten.

Herausforderungen veränderter Wähler- und Mitgliedschaften

Die kommunistischen Parteien konnten sich bis in die späten 1970er-Jahre auf die Unterstützung traditioneller Arbeitermilieus der industriellen Zentren ihrer Länder stützen. Die Umbrüche infolge der sich durchsetzenden Globalisierung, veränderter Produktions- und Reproduktionsweisen mit globaler Ausrichtung industrieller Produktionsketten führten vor allem in den westeuropäischen Ländern zu Re- und De-Industrialisierungsprozessen mit grundlegenden Veränderungen ganzer Regionen – einschließlich ihres Charakters und ihrer Entwicklungsperspektiven. Damit einher ging die Auflösung bisher weitgehend geschlossener traditioneller sozialer Milieus bis hin zur Schwächung gewerkschaftlicher Organisationen. Die so geschwächten Milieus in Zeiten soziostruktureller Veränderungen der Arbeiter*innenklasse verloren ihre Bedeutung auch für die Linksparteien, die ihrerseits sich als Interessenvertreter der heutigen Arbeiter*innenklasse verstehen. Diese umfasst neben den traditionellen Arbeitermilieus auch das Dienstleistungsproletariat wachsender Online-Dienste, die Logistik- und Pflegebereiche, die »systemrelevanten Bereiche«.

Eine der zentralen Bruchlinien der sozial und kulturell fragmentierten Klasse der Lohnabhängigen heute zeigt sich unter den Bedingungen sozial und kulturell polarisierter Gesellschaften weniger mit Blick auf ihre soziale Differenzierung, sondern vielmehr in den Unterschieden formaler Bildungsabschlüsse, die maßgeblich die sozioökonomische und mehr noch die sozio-kulturelle Selbstverortung beeinflussen.

Dadurch stehen die Linksparteien vor dem Dilemma, sich als Interessenvertreter auseinandertreibender sozialer und kultureller Milieus zu verstehen. Dabei geht der Bedeutungsverlust traditioneller Arbeitermilieus und die Herausbildung eines neuen, zunehmend auch digitalisierten und zu einem Teil auch bildungs- bzw. wissensbasierten Dienstleistungsproletariats, das sich deutlich migrantischer, feministischer und diverser versteht, zugleich einher mit der notwendigen Hinwendung zu neuen Herausforderungen wie Ökologie und Klimagerechtigkeit, Feminismus, Migration und Rechte von Minderheiten (LGBTI*).

Dazu kommen die sich verstärkenden sozialen, kulturellen und politischen Ausdifferenzierungen zwischen städtischen Metropolen und ökonomisch abgehängten Regionen. Die soziale und kulturelle Kluft zwischen städtischen Gebieten und ländlichen Regionen in Bezug auf Alter, Bildungsniveau, Einkommen und Beschäftigung wächst und erschwert es den meisten Linksparteien, auch die Wähler*innen jenseits der Metropolen anzusprechen, dort, wo die Entwicklungsperspektiven ganzer Regionen die Lebensperspektiven der Menschen infrage stellen.

Wo es den Linksparteien nicht gelingt, diese Ausdifferenzierungsprozesse so zu bearbeiten, dass sich infolge der Öffnungen der Parteien gegenüber Ökologie, Migration, Frauen- und Minderheitenrechten einschließlich LGBTQIA+-Rechten bisherige traditionelle wie auch neue soziokulturelle Milieus in einer Partei zusammenfinden, kommt es letztlich zur Verengung linker Wählermilieus, durch jene potenziellen Wähler, die in den Linksparteien nicht mehr ihre Ansprechpartner*innen finden. So fiel z.B. der Stimmenanteil der Arbeiterklasse in Finnland von 41% im Jahr 2003 auf 23% im Jahr 2015. Das Linksbündnis fand 2015 zwar in fast allen Bildungsschichten Unterstützung, sein Anteil in den weniger gebildeten Gruppen geht jedoch weiter zurück, während der Anteil von Wähler*innen mit Hochschulabschluss steigt. Eine ähnliche Entwicklung zeichnet sich seit Jahren in Deutschland ab, wobei die dominierenden innerparteilichen Auseinandersetzungen die Prozesse gesellschaftlicher Entfremdung beschleunigten. In den letzten zehn Jahren haben sich die traditionellen Arbeitermilieus zunächst als Mitglieder, dann auch als Wähler*innen von der LINKEN zurückgezogen. Unter Gewerkschaftlern war ihr Anteil bei den Bundestagswahlen 2021 niedriger als der der liberalen FDP.

Nur in einigen wenigen Ländern gelang es, die traditionelle und die neue linke Wählerschaft erfolgreich zu vereinen. Dies gilt für Syrzia in Griechenland, die AKEL in Zypern, für die PTB in Belgien und auch La France insoumise. Zu den Wähler*innen von Syriza gehören prekäre, aber ebenso hochqualifizierte Arbeiter*innen und Arbeitslose (42%), Studierende (39%) und Angestellte des privaten Sektors sowie der progressiv-liberalen Mittelschicht. Mélenchon erzielte bei den Wahlen 2022 relativ homogene Ergebnisse in allen Wählergruppen mit Ausnahme seines Wähleranteils bei Rentnern mit 11%. Er erhielt 25% der Wählerstimmen von Führungskräften der höheren und mittleren Berufe sowie der Angestellten und 23% der Arbeiter*innen. Diese gleichmäßige Verteilung verdeckt jedoch, dass sich ebenso wie 2017 seine Wählerschaft vor allem aus jenen zusammensetzt, die sowohl zu den abgewerteten als auch prekären Segmenten des Arbeitsmarktes angehören. 22% der Wähler*innen Mélenchons haben einen Schulabschluss und 26% einen höheren Abschluss als einen Bachelor (Le Lann et all 2022). Auch der belgischen PTB gelingt auf beeindruckende Weise ihre klassenspezifische Anbindung über neue Wege der lokalen und betrieblichen Neuorganisierung. Heute gehören 18% der PTB zur Arbeiter*innenklasse, zugleich ist der Anteil der Akademiker*innen gering. Die Rot-Grüne Einheitsliste Dänemark stärkte mit ihrer Rückkehr zu »Brot-und-Butter«-Themen der Linken, ohne die ökologische Frage deshalb zu vernachlässigen, ihr soziales Profil.

Ein zweites Dilemma besteht darin, dass die notwendige Hinwendung zu sozial-ökologischen Fragestellungen die Linksparteien in eine Konkurrenz zu den grünen Parteien treibt. Dort, wo es wie in Zypern, Griechenland und Spanien, keine oder nur sehr schwache grüne Parteien gibt, oder wo das grüne Profil zum Selbstverständnis der Partei gehört wie traditionell in den skandinavischen Linksparteien, ist dies nicht das Problem. Es wird dort zum Problem, wo starke grüne Parteien wie in Deutschland existieren und wo sich starke ökologische Bewegungen herausgebildet haben, wie Fridays for Future. So konnte DIE LINKE in Deutschland trotz Stärkung ihres sozial-ökologischen Profils bisher nicht davon profitieren.

Dass Linksparteien mit sozial-ökologischem Profil trotz profilierten Grünen dennoch erfolgreich sein können, zeigt Mélenchons LFI. Wobei auch für Deutschland eine Umfrage zu den Linken-Wählermilieus zeigt, dass mitnichten nur urbane Mittelschichten, sondern auch Menschen mit geringem Einkommen konkrete Maßnahmen zum Klimawandel, wie den Ausbau des öffentlichen Nahverkehrs und dessen kostenfreie Nutzung, den Ausbau erneuerbarer Energien oder ein Programm zur Schaffung gut bezahlter Arbeitsplätze mehrheitlich unterstützen. (Candeias 2023)

Zu den Mitgliedern der Linksparteien

Im Unterschied zu den zahlreichen Informationen über die Wähler*innen der Linksparteien sind die Angaben zu ihren Mitgliedern eher spärlich. Wobei die Mitgliedschaft in einer Linkspartei völlig Unterschiedliches bedeutet. In manchen Parteien wie LFI, Podemos und zum Teil auch Syriza genügt ein Mausklick. Traditionelle Parteien fordern ein formales Aufnahmeverfahren, andere wiederum erwarten von ihren Parteimitgliedern politisches Engagement und finanzielle Unterstützung, wie bei der PTB, die allerdings zwischen Kadern, normalen Mitgliedern und Mitgliedern mit beratender Stimme unterscheidet. Wer Mitglied der Schwedischen Linkspartei ist, wird aufgefordert, im Mieterverein und in den Gewerkschaften mitzuarbeiten.

Folglich unterscheidet sich auch die Zahl der Mitglieder: über 500.000 hatte Podemos, 130.000 Syriza – wobei die engeren Kerne deutlich kleiner sind. Die belgische PTB gehört mit 23.000 Mitgliedern zu den anwachsenden, die SP der Niederlande mit ca. 31.000 zu den derzeit schrumpfenden Parteien. Die Zahl der Mitglieder der DIE LINKEN lag im Dezember 2022 noch bei ca. 54.000. 60% ihrer Mitglieder sind nach 2009 bzw. nach 2011 vor allem in den großen Metropolen und Großstädten eingetreten. Damit wurde die Partei jünger, feministischer und akademischer. Diese Tendenzen zeigen sich bei den meisten Linksparteien im Unterschied zur KSCM.

Bei »alternden« Parteien – also jenen, denen der Generationswechsel nicht mehr gelingt, wie der KSCM und zum Teil der LIN-

KEN in den ostdeutschen Landesverbänden jenseits der Metropolen – erhöhen sich neben dem Durchschnittsalter und dem Anteil der Rentner*innen auch die Schwierigkeiten einer generationellen Erneuerung der Partei sowie ihrer flächenmäßigen Präsenz. Die ostdeutsche LINKE hat diese in vielen Regionen jenseits der Großstädte verloren. Die KSCM blieb in den Großstädten traditionell schwach.

Letztlich spiegelt sich in der Mitgliedschaft der Parteien ihre Fähigkeit, unterschiedliche soziale und politische Milieus und Generationen an sich zu binden. Gerade bei Parteien in der Übergangsphase von einer Sammlungsbewegung zur politischen Partei prägen diese zunächst aktivistische Kerne. Das gilt auch für die sich neuformierende KPÖ mit aktivistischen feministischen Milieus, Kulturarbeiter*innen, Vertreter von Antifa- und Umweltgruppen, Mitglieder migrantischer Organisationen, von grünen und sozialdemokratischen Jugendstrukturen bis hin zu Trotzkisten und Autonomen. Ihren wirklichen Aufbruch jedoch hat die KPÖ dem jahrelangen kommunalpolitischen Engagement und ihrer kommunalen Verankerung in Graz zu verdanken, wo sie seit 2021 die Bürgermeisterin stellt.

Bei den älteren, etablierten Linksparteien ist wiederum der Anteil der Angestellten des Öffentlichen Dienstes relativ hoch, ebenso der Anteil von prekarisierten Akademiker*innen, aber auch von Vertretern sozial-ökologischer Bildungseliten. Deutlich niedriger ist der Anteil aus migrantischen Milieus – insbesondere bei traditionellen Parteien.

Zur europäischen Repräsentanz

Hinweise zu den Repräsentanten der Europäischen Linkspartei finden sich in den analytischen Beiträgen und Umfragen von Delegierten der EL-Parteitage.[3] In der Analyse zu diesen Umfragen zeigt sich ein bemerkenswertes Phänomen hinsichtlich der Zu-

---

[3] Seit ihrem 3. Parteitag der EL in Paris erhielt die europäische Stiftung transform! Europe die Möglichkeit, die Delegierten der Parteitage empirisch zu befragen, um so ein besseres Verständnis darüber zu erhalten, wer die De-

sammensetzung der Delegierten zu den Parteitagen. Nur ca. 10% der Delegierten des EL-Parteitages 2018 in Malaga waren 2004 beim Gründungsparteitag der Europäischen Linkspartei dabei; lediglich 40% der Delegierten hatten bereits am Kongress 2016 in Berlin teilgenommen und weniger als ein Drittel waren 2013 in Madrid dabei. Das heißt, es fahren immer wieder neue Delegierte zu den EL-Parteitagen, dennoch finden sich über Jahre erstaunliche Kontinuitäten hinsichtlich ihrer sozialen Zusammensetzung: Ca. 7% verstehen sich als Selbständige, der Anteil der Vollbeschäftigten liegt bei ca. 45%. Erhöht hat sich der Anteil der befristet Beschäftigten von 9% (2013) auf 14% in 2018. Nahezu gleichbleibend sind die niedrigen Anteile von Arbeitslosen mit ca. 6% und von Studierenden mit ca. 4%. Der Anteil der Rentner*innen liegt stabil bei ca. 20%. Über 40% arbeiten als »professional and technical workers«, über 20% als höhere Angestellte, über 90% arbeiten im Dienstleistungsbereich, davon mehr als 30% im öffentlichen Dienst, 14% in öffentlichen Unternehmen und immerhin auch 27% in privaten Unternehmen. 17% arbeiten in NGOs. Der Anteil der Akademiker*innen (Universitätsabschluss, Master oder PhD) liegt bei über 80%, der Anteil von Delegierten mit Berufsabschluss über den gesamten Zeitraum bei ca. 6%.

Lediglich 6% der Delegierten arbeiten in der Industrie, hier spiegelt sich die schwache Anbindung der nationalen Linksparteien an das klassische Industrieproletariat – soweit es dieses in den süd- und ostmitteleuropäischen Ländern überhaupt noch gibt. In diesem Kontext ist auch der niedrige Anteil von Facharbeitern und Halbfacharbeitern (Semi-Skilled-workers) mit je 2,5 % zu sehen. Noch geringer ist der Anteil von Delegierten, die in der Landwirtschaft oder in Kooperativen arbeiten. In Einkommen ausgedrückt stellt sich dies so dar: 7,5% haben ein Jahreseinkommen pro Haushalt von über 100.000 Euro, 7,5% über 70.000 Euro – Anteile, die sich seit den letzten Parteitagen erhöht haben. Über die

---

legierten der EL-Parteitage sind, wie sich mit ihnen die Diversität von Linksparteien auf europäischer Ebene zeigt, wofür sie stehen und wo sie die größten Potentiale für gemeinsames europäisches Handeln sehen.

Hälfte der Delegierten hat jedoch ein Haushaltseinkommen zwischen 20.000 und 70.000 Euro, darunter vor allem Delegierte aus den südlichen EU-Ländern mit einem Einkommen von 20.000 bis 30.000 Euro. Etwa ein Drittel der Delegierten verfügt über ein Einkommen zwischen 5.000 und 20.000 Euro; das betrifft vor allem Delegierte aus den ostmitteleuropäischen Ländern.

Für die Selbstbeschreibung ist das politische Engagement (75%) deutlich wichtiger als die soziale Verortung (44%) oder das Geschlecht (26%) oder die nationale Identität (9,5%). Die meisten verstehen sich als Kommunisten (über 40%), als Antikapitalisten (über 20%), als Sozialisten (unter 20%); eine Minderheit als Feministinnen, Progressive oder ökologisch Engagierte – alle deutlich unter 10%.

Erfolgreiche strategische Ansätze und der schwierige Umgang mit Machtoptionen

Alle Linksparteien in Europa verstehen sich auf unterschiedliche Weise als kapitalismuskritische Parteien und formulieren als Ziel gesellschaftlicher Entwicklung eine sozial gerechte, friedliche und demokratische sowie sozial und ökologisch nachhaltige Gesellschaft. Viele nennen diese bis heute »Sozialismus«.

Erfolgreichen Parteien gelingt es, diese Langzeitperspektive durch glaubwürdige und durchsetzungsmögliche Schritte so zu untersetzen, dass damit unterschiedliche Milieus erreicht und politisch zu einem Mitte-Unten-Bündnis verbunden werden können. Dazu gehörte für La France insoumise, gezielt auch auf jene gesellschaftlichen Gruppen zuzugehen, die besonders von sozialer Ausgrenzung betroffenen sind. So begannen sie ihre Kampagne für die Präsidentschaftswahlen in den stark auch migrantisch geprägten Banlieus lange vor den Wahlen durch Präsenz in den Quartieren vor Ort. Zusammen mit Aktivist*innen vor Ort ging es um konkrete Alltagsprobleme, wie Mängel und Schäden an der Wohnsubstanz, unzureichende Müllentsorgung und Ähnliches. Zugleich thematisierte LFI öffentlich und unmissverständlich den Zusammenhang von strukturellem Rassismus, Armut und Polizeigewalt – ein Novum in dieser Form für Frankreich. (Chwala 2022)

Auch die belgische PTB kann ihren Erfolg auf konkrete, auf den Alltag vieler Menschen bezogene Kämpfe stützen, wie den Kampf um bezahlbares Wohnen, um den Ausbau des Gesundheitssektors oder um den öffentlichen Nahverkehr. Darüber hinaus versucht sich die PTB nicht nur in den klassischen Unternehmen und im öffentlichen Dienst, sondern darüber hinaus auch in Callcentern oder Unternehmen wie Uber oder Deliveroo zu verankern.

Es geht um linke Lösungskompetenzen auf den verschiedenen Ebenen, die Spielräume für weitere Kämpfe öffnen, bis hin zur Möglichkeit der Regierungsbeteiligung oder besser, der Bildung einer Linksregierung. Dieser Wille, flankiert von der Formulierung konkreter Schritte, ermöglichten die hohen Zustimmungswerte für Mélenchon bei den Parlamentswahlen 2022. Auch Alexis Tsipras arbeitete an einer von einer breiten Linken getragenen Front für ein linkes Regierungsprojekt. Er ist mit dieser Idee gescheitert. Das Ausmaß und die Einordnung dieses Scheiterns werden erst eine Analyse der Partei aufzeigen können.

Dort, wo die Bildung einer Linksregierung aufgrund der Schwäche der Linken nicht möglich ist, stellt sich die Frage nach den Bedingungen einer Regierungsbeteiligung mit progressiven, grünen und ggf. liberalen Parteien. So ist eine Fortsetzung der Linken in Regierung in Spanien nur dann möglich, wenn es dem Sozialisten Sanchez gelingt, ein Bündnis mit den beiden katalanischen Parteien einzugehen, d.h. die Konditionen für die linke SUMAR werden schwieriger.

Die slowenische Lewica ist Teil einer Drei-Parteien-Koalition unter Führung der grün- und sozialliberalen Partei Gibanje Svoboda (Freiheitsbewegung) und der Sozialdemokratischen Partei. D.h. dort, wo es starke sozialdemokratische/sozialistische oder eben wie in Slowenien grün-sozialliberale Parteien und die rechnerische Möglichkeit zur Bildung einer Mitte-Links-Regierung unter Einschluss der radikalen Linken gibt, muss diese abwägen, ob sie in dieser bestehenden Konstellation den Gebrauchswert einer Linkspartei sichtbar und wirksam werden lassen kann. Für die slowenische Levica, die den Minister für Arbeit, Familie, Soziales und Chancengleichheit, die Ministerin für Kultur und den Minister für solidarische Zukunft stellt, bedeutete dies die Soforthilfe für die von den Überschwemmungen betroffenen, vor allem auch armen Familien, die Verteidigung der Sozialausgaben und Renten im Haushalt für 2024 angesichts der drohenden Haushaltskürzungen infolge der Reaktivierung der Europäischen Schuldenbremse ab 2024 und 2025. Die spanische SUMAR steht für Frauen- und Arbeitsrechte und hierzu auf europäischer Ebene für die Durchsetzung der Richtlinie über die geschlechtsspezifische Lohntransparenz, für eine ausgewogenen Präsenz von Frauen in den Verwaltungsräten und die Durchsetzung einer Mindestlohnrichtlinie, von der mehr als 25 Millionen Arbeitnehmer, darunter viele Frauen, betroffen sind. Sie fordert einen neuen Sozialvertrag in Europa und die Fortsetzung des Sozialdialogs als Markenzeichen der EU wie auch die Weiterentwicklung der Europäischen Säule der sozialen Rechte. Sie steht dafür, die begrenzten Kompetenzen der EU in sozialen und arbeitsrechtlichen Fragen auszuweiten und die Arbeit an der Richtlinie über Plattformarbeit voranzutreiben. Darüber hinaus müssen sich die Arbeitnehmerrechte stärker auch mit Fragen der Demokratisierung der Arbeit befassen, um so Arbeitnehmer*innen eine führende Rolle bei der ökologischen Planung einzuräumen und Algorithmen und künstliche Intelligenz in den Dienst der Menschen zu stellen.

Das Beispiel der Linken in Portugal zeigte, dass ihr Problem nicht in der Unterstützung der sozialistischen Minderheitsregierung bestand, sondern in der Schwierigkeit, den späteren Entzug dieser Unterstützung nachvollziehbar zu kommunizieren. Die Forderung der Linksparteien, im Haushalt soziale Mindestsicherungen zu berücksichtigen, ging angesichts der von den Sozialisten heraufbeschworenen Gefahr einer rechten Regierungsübernahme unter.

Fazit

Die Frage, wie sich die Linksparteien aus ihrer Defensive befreien können, lässt sich angesichts ihrer völlig unterschiedlichen Entwicklungen und spezifischen nationalen Kontexte trotz ähnlich gelagerter Konflikt- und Bruchlinien nicht einfach beantworten. Es lassen sich jedoch Kriterien aufzeigen, die zum Erfolg der Linksparteien beitragen. Dazu gehören die notwendige Adaption der Veränderung und Neugewichtung gesellschaftlicher Konfliktlinien und deren strategische Bearbeitung. Der Wirtschaftskrise 2008/2009 folgte die Phase verstärkter Austeritätspolitik, in der sozioökonomische Fragen dominierten. Das war nicht mehr gleichermaßen der Fall in der Phase von 2015 bis 2019 – der Phase verstärkter Einwanderung nach Europa und zunehmender Klimaveränderungen. Diese, wie auch die Pandemie und der Krieg in der Ukraine, verweisen 2022 auf eine beginnende Phase neuer globaler Konfliktlagen, deren Auswirkungen die EU-Länder in unterschiedlichem Maße treffen. Ihnen gemeinsam sind steigende Preise für Energie und Lebenshaltungskosten und anhaltend hohe Inflationsraten.

Damit wird die soziale Frage erneut mit aller Schärfe auf die Tagesordnung geschleudert. Die Linke muss sich in dieser Phase als gesellschaftliche Schutzmacht gegen die Abwälzung von Kriegs- und Krisenkosten auf die Schwächsten der Gesellschaft zur Wehr setzen, die öffentlichen sozialen gesellschaftlichen Infrastrukturen verteidigen und für diese Kämpfe über breitestmögliche Bündnisse mobilisieren.

Darüber hinaus wird es zunehmend wichtiger, die Klimafrage als soziale Frage zu bearbeiten und die soziale Frage zugleich inklusiv zu formulieren mit Blick auf die zahlreichen prekär lebenden und arbeitenden migrantischen Milieus. Dort, wo dies wie derzeit vor allem bei La France Insoumise gelingt, können sie über ihre Kernklientel – ihre traditionellen linken Milieus – hinaus Menschen erreichen und auf neue Weise politisieren. Sie setzen sich klar gegen rechts ab.

Zugleich stellt jedoch die anzustrebende sozial-ökologische Transformation das Primat national ausgerichteter Politik infrage zugunsten transnationaler Kooperation und eines neuen Internationalismus – eine Herausforderung, auf die selbst LFI allein keine schlüssigen Antworten formulieren kann. D.h. der von LFI praktizierte gesellschaftlich inklusive Ansatz braucht nach außen sein transnationales, europäisches Pendant, also eine neue Qualität und Kultur politischer Kooperationen zwischen den europäischen

Akteuren: Europäische Linkspartei (EL), The Left – der Linksfraktion im Europäischen Parlament – und auch der europäischen Stiftung transform! europe sowie darüber hinaus stärker mit den europäischen Gewerkschaften, zivilgesellschaftlichen Akteuren und sozialen Bewegungen.

All dies wird das schwierige Verhältnis von nationaler und europäischer Politik bei den Linksparteien mit ihrer anhaltenden Dominanz nationaler Politikansätze – immer auch in Abhängigkeit vom Selbstverständnis und Organisationsprinzip der Linksparteien einschließlich ihrer Entscheidungsgremien – nicht auflösen, aber verstärkt in europäische Kontexte bringen und so Räume öffnen, um sie gemeinschaftlich bearbeiten zu können.

Damit verändert die Linke für sich selbst auch die Rahmenbedingungen, um mit divergierenden bis hin zueinander ausschließenden außenpolitischen Fragen umzugehen. Die Akzeptanz legitimer unterschiedlicher Sichten der Linksparteien muss zunächst den Ausgangspunkt bilden, um einen gemeinsamen Suchprozess erst einmal zu ermöglichen, bei dem es langfristig um eine von links formulierte Perspektive für ein erweitertes Konzept kollektiver europäischer Sicherheit unter Einschluss von sozialer-, Energie- und Nahrungsmittelsicherheit gehen muss. Aufgabe der Linken bleibt, »eine realistische Strategie für eine neue europäische Entspannungspolitik auszuarbeiten«, die eine Neuauflage der Ostpolitik der 1970er-Jahre, die internationale Verträge zur Rüstungskontrolle und -reduzierung, die Wiederherstellung des Vertrauens und die Wiederaufnahme wirtschaftlicher und kultureller Beziehungen einschließt. Der Kampf für atomwaffenfreie Zonen und ihre schrittweise Ausweitung auf den gesamten Kontinent vom Atlantik bis zum Ural könnte hierbei ein wichtiger Schritt sein. (Baier 2022)

Das erfordert die konkrete Arbeit an breitesten Mitte-Unten-Bündnissen, also auch unter Einschluss traditioneller Wählermilieus – d. h. jener, die nicht nur geringere Einkommen, sondern auch geringere formale Bildungsabschlüsse haben – und die Entwicklung von rot-grünen Links-Mitte-Bündnissen unter Einschluss linker Sozialisten/Sozialdemokraten. Eine Herausforderung vor allem dort, wo die Sozialdemokraten/Sozialisten noch immer den Charakter von Volksparteien oder zumindest von Parteien mit über 20% Wählerbindung haben. Die gemeinsame Klammer kann der Kampf um den Ausbau der öffentlichen kollektiven Güter Wohnen, Pflege, Verkehr, Energie, sauberes Wasser und eine gesunde Umwelt, Bildung und Kultur sein, die nicht nur sozial absichern, sondern ebenso gesellschaftliche Emanzipation auch jenseits der akademisierten Milieus links der Mitte befördern.

Denn die Erfahrungen zeigen, dass dort, wo sich Wählerpotenziale der Linken strukturell reduzieren, oder sich die Kernbotschaften der Linksparteien nicht mehr an ihr gesamtes Wählerpotenzial richten oder dort nicht verstanden werden, Linksparteien in die Krise geraten. Diese wird existenziell, wenn die gesellschaftliche Verankerung der Parteien in ihren starken Zentren und Kommunen verloren geht. Die meisten Linksparteien haben ihre starken Kerne in den Metropolen oder Großstädten. Aber diese reichen nicht, um die drohenden gesellschaftlichen Rechtsverschiebungen zu verhindern, und ebenso wenig, wenn eine friedliche sozial-ökologische Transformation der Gesellschaft Anspruch linker Politik für alle bleibt.

Für die EL, die 2024 ihren 20. Geburtstag feiern wird, bedeutet dies im Vorfeld der EU-Wahlen einerseits, dem Rat der Vorsitzenden der EL-Mitgliedsparteien zur Durchsetzung der Beschlüsse der EL-Parteitage auf nationaler Ebene ein höheres Gewicht zu verleihen, andererseits über die vorhandenen Möglichkeiten individueller Mitgliedschaft neu nachzudenken. Für die Fraktion stellt sich die Herausforderung, die Gesamtheit der Linken über ihre parlamentarisch vertretenen Parteien hinaus zu denken, und für transform! Europe, ihr analytisch-vernetzendes Potenzial bildungspolitisch im Interesse der gesamten Linken in Europa zu schärfen.

Literatur

Baier, Walter (2022): Eine neue, europäische Détente und die Linke. die-zukunft.eu/eine-neue-europaeische-detente-und-die-linke/.

Bouma, Amieke (2021): eine traditionelle Linke: Die sozialistische Partei in den Niederlanden. In: Cornelia Hildebrandt/Danai Kot-

sida/Amieke Bouma (Hrsg.) (2021): Left Diversity zwischen Tradition und Zukunft. Linke Parteienprojekte in Europa und ihre Potenziale. Hamburg: VSA Verlag.
Candeias, Mario (2022): Eine Partei mit Zukunft: DIE LINKE. Ergebnisse einer repräsentativen Umfrage im Auftrag der Rosa Luxemburg Stiftung zum Wähler*innenpotential der LINKEN. www.rosalux.de/fileadmin/rls_uploads/pdfs/sonst_publikationen /Studie_Eine_Partei_mit_Zukunft.pdf.
Chbari, Sofyaine/Kabbaj, Gala (2023): European Elections. Identifying and deploying the conglomerate of radical left voters. www.transform-network.net/publications/issue/european-elections-2024-identifying-and-deploying-the-conglomerate-of-radical-left-voters/.
Chwala, Sebastian (2022): Die französische Linke schließt sich zusammen. Ist NUPES ein Erfolgsprojekt? zeitschrift-luxemburg.de/artikel/die-franzoesische-linke-schliesst-sich-zusammen-ist-nupes-ein-erfolgsprojekt/.
Der (europäische) Föderalist. www.foederalist.eu/p/europawahl-umfragen.html.
Hildebrandt, Cornelia/Kotsida, Danai/Bouma, Amieke (Hrsg.) (2021): Left Diversity zwischen Tradition und Zukunft. Linke Parteienprojekte in Europa und ihre Potenziale. Hamburg: VSA Verlag.
Hildebrandt, Cornelia (2022): On the Representatives of the Party of the European Left. www.transform-network.net/blog/article/on-the-representatives-of-the-party-of-the-european-left.
Le Lann, Yann/Elek, Paul/Gaborit, Nathan/Kabbaj, Gala/Gaborit, Maxime/Touzet, Hugo/Solnon, Anaelle (2022): Jean-Luc Mélenchon: What Popular Union? Vom 29.4.22, www.transform-network.net/blog/article/jean-luc-melenchon-what-popular-union/.
March, Luke/Keith, Daniel (2016): Europe's radical LEFT. From Marginality to the mainstream? London/New York: Rowman & Littlefield.
March, Luke/Mudde, Cas (2005): What's Left on the Radical Left. The European Radical Left after 1989: Decline and Mutation. In: Comparative European Politics 1, 23–49.
Segert, Dieter (2013): Transformation in Osteuropa im 20. Jahrhundert. Wien: facultas wuv, UTB-Band Nr. 3983.
Vensterpartiet (2023): NATO. www.vansterpartiet.se/var-politik/politik-a-o/nato/ (abgerufen am 3.10.23).

»Die Rückendeckung, die ich brauche, die habe ich«

Gespäch mit Gregor Gysi

Der 2016 neu gewählte Präsident der Europäischen Linken zu Europa, zu seiner Heimatpartei und zur Zukunft politischer Zusammenschlüsse[1]

Uwe Sattler: *Die Europäische Linke gilt als weitgehend unregierbar. Sie wollten dennoch Präsident werden?*

Gregor Gysi: Ich bin es gewohnt, mit schwierigen Parteien umzugehen. Wenn das so leicht wäre mit der Europäischen Linken, würde es mich weniger reizen. Bei mir ist es einerseits so, dass ich die Europäische Union scharf kritisiere. Sie ist unsozial, unsolidarisch, undemokratisch, ökologisch nicht nachhaltig, intransparent, bürokratisch und versucht nun auch noch, militärisch zu werden. Und obwohl ich sie so kritisiere, sage ich: Es gibt zugleich Gründe, weshalb ich nicht will, dass sie untergeht.

Welche?

Der erste Grund ist die Jugend. Die Jugend ist europäisch aufgewachsen. Die kann sich das gar nicht mehr vorstellen, den alten Nationalstaat mit Grenzschlagbaum, Pass und Visum. Das ist schon für uns schwer vorstellbar, aber für die Jugend überhaupt nicht mehr. Das zweite ist, dass die alten Nationalstaaten ökonomisch im Verhältnis zu China und den USA kein Gewicht haben. Und, drittens, auch nicht weltpolitisch. So spielt Luxemburg beispielsweise im Nahostkonflikt keine Rolle, aber selbst Deutsch-

---

[1] Im Dezember 2016 rückte der LINKE-Politiker Gregor Gysi an die EL-Präsidentschaft. In Gysis Ägide fällt unter anderem die (Mit-)Begründung der Europa-Foren, die nach Vorbild des Foro Sao Paulo »linke, grüne und progressive« Kräfte zusammenbringen sollen. Das Gespräch erschien am 19. Dezember 2016 in »Neues Deutschland«.

land dann kaum. Der vierte Grund ist der Sonderweg des bei der Aufteilung der Welt dem Anspruch der Herrschenden nach zu kurz gekommenen Deutschlands, der zum Ersten Weltkrieg und zum Zweiten Weltkrieg führte. Dieser Sonderweg sollte nach 1945 durch die Integration Deutschlands für immer ausgeschlossen werden, und dafür bin ich. Schließlich der fünfte und entscheidende Grund: Es gab zwischen den Mitgliedsländern der EU noch nie einen Krieg, während vorher die ganze europäische Geschichte durch Kriege zwischen diesen Staaten gekennzeichnet war. Wenn wir wieder zurückfallen in die alten Nationalstaaten, entstehen auch wieder alte Konflikte und an irgendeiner Stelle kann es losgehen. Also will ich etwas dafür tun, dass die EU sehr gründlich umgestaltet wird. Ich finde auch den Begriff »Neustart« gut, den meine Partei dafür gefunden hat.

Kennen Sie denn die Parteien der EL? Die sind in einigen Punkten ganz anderer Meinung.

Ich bin Politiker, das heißt, ich kann auch über Dinge reden, die ich nicht kenne – das ist natürlich ein Scherz. Ich habe die Vertreter der spanischen und portugiesischen Partei besucht, mit den Vertretern der dänischen Partei telefoniert und mich natürlich von den Mitarbeiterinnen und Mitarbeitern informieren lassen. Kennen wäre jedoch zu viel gesagt, das Kennenlernen muss ich später organisieren, auch das wird zu meinen neuen Aufgaben gehören. Aber natürlich verstehe ich, dass zum Beispiel eine Partei wie die in Portugal an eine Reformierbarkeit der EU gar nicht mehr glaubt. Dort ist über die Hälfte der jungen Leute arbeitslos, und zwar durch den Zwang der EU. Es gibt auch eine andere Partei, die stützt sich in erster Linie auf Volkssouveränität und will die EU-Struktur nicht. Aber die meisten Parteien, die in der EL sind, wollen deutliche Reformen. Letztlich sind sich alle einig, dass wir immer für Frieden eintreten, für mehr soziale Gerechtigkeit und mehr Demokratie. Und das ist ein wichtiger Konsens, um wirken zu können.

Reicht der Konsens in Sachen Frieden oder soziale Gerechtigkeit tatsächlich? Lässt sich ein in der EL vertretenes Spektrum von der fast generellen Ablehnung der europäischen Integration bis hin zur Bereitschaft, mit kleinen Schritten auch Reformen herbeizuführen, unter einen Hut bekommen?

Das wäre in der Tat zu wenig. Aber sehen Sie mal, wenn ich zum Beispiel ein Gespräch habe mit führenden europäischen Politikern, kann ich denen doch sagen: Wenn sie die EU nicht so verändern, dass die Mehrheiten der Bevölkerungen bereit sind, sie zu akzeptieren, geht sie kaputt. Im Augenblick haben sie das noch nicht begriffen.

Was steht einer Akzeptanz im Weg?

Nehmen wir mal ein Beispiel dafür: Das Europäische Parlament beschließt, die Beitrittsgespräche mit der Türkei auszusetzen, weil Erdoğan gerade versucht, die Türkei von der Demokratie zur Diktatur zu verwandeln. Was sagt Frau Merkel: Gut, wir machen kein neues Verhandlungskapitel auf, aber sprechen über die alten weiter. Sie nimmt das Parlamentsvotum nicht ernst! Sie sagt, lass die doch beschließen, was sie wollen. Ein anderes Beispiel: Was haben jetzt die Staats- und Regierungschefs beschlossen? Sie haben beschlossen, an den Brexit-Verhandlungen wird das Europäische Parlament nicht beteiligt. Das heißt, sie setzen einfach das fort, was sie wollten. Und worüber meckert Frau Merkel? Sie beschwert sich lautstark darüber, dass Tsipras und das griechische Parlament entschieden haben, den ärmsten Rentnern zusätzlich etwas zu zahlen. Mit der Begründung werden nun Schulderleichterungen für Griechenland verweigert, obwohl sie auch schon vorher verweigert wurden. Hat sie einmal Kritik geübt, dass wir 18 Milliarden Euro der Commerzbank zur Verfügung gestellt haben, die keine Steuern zahlt und bei der wir an ihrem Gewinn nicht beteiligt werden? Dieses Herangehen müssen wir ändern – unabhängig davon, dass es in der EL eine Partei gibt, die nicht an die Reformierbarkeit der EU glaubt oder eine andere, die eher auf Volkssouveränität setzt. Im Übrigen sind es 25 Mitglieds- und sechs Beobachterparteien. Sie wollen auf jeden Fall Veränderungen erreichen. Das ist entscheidend, und die anderen Auffassungen berücksichtige ich selbstverständlich.

Überschätzen Sie nicht die Möglichkeiten der Linken, EU-Europa zu verändern?

Der bisherige Vorsitzende Pierre Laurent hat ein großes Verdienst. Er, seine Stellvertreter und andere haben es geschafft, dass heute Strukturen in der EL existieren. Jetzt müssen wir die nächsten Schritte gehen. Das heißt, die Partei der Europäischen Linken attraktiver, bekannter zu machen, auch für mehr Einfluss zu sorgen und sie zu einem Faktor gegen die Rechtsentwicklung in Europa zu machen.

Wie kann das gelingen?

Zum Beispiel gibt es jetzt schon den Vorschlag, dass jedes Jahr ein immer breiter werdender Kongress stattfindet, wo die entscheidenden europäischen Fragen diskutiert werden. Also ein ständiges Forum. Und ich bin zum Beispiel auch bereit, in die jeweiligen Länder zu fahren, wenn es dort zentrale Aktionen und Veranstaltungen gibt und dann eben auch für die Partei der Europäischen Linken zu sprechen. Ich bin ebenfalls bereit – und ich glaube, dass ich die Chance auch bekomme – mit führenden europäischen Politikern zu sprechen, um ihnen all das zu sagen und zu erklären. So können wir die Partei Schritt für Schritt zu einem Wirkungsfaktor machen. Ich kann das nicht garantieren, aber ich will es auf jeden Fall versuchen.

Haben Sie dafür auch ausreichend Rückendeckung in Ihrer eigenen Heimatpartei?

Die Rückendeckung, die ich brauche, die habe ich.

Ich meine: Will die LINKE die EU abschaffen oder reformieren? Das wird auch immer wieder im Zusammenhang mit einer »Regierungsfähigkeit« der LINKEN diskutiert.

Meine Fraktion hat mit großer Mehrheit einen Beschluss gefasst, dass wir über die Frage, aus der EU auszutreten oder sie aufzulösen oder aus dem Euro auszusteigen oder ihn aufzulösen, nicht einmal zu diskutieren brauchen. Das kommt für uns nicht infrage. Trotzdem werden immer ganz wenige, die da eine andere Position haben, zu einer Riesenfront aufgebauscht. 90 Prozent, sagt eine Umfrage unter unseren Wählerinnen und Wählern, will unsere Regierungsbeteiligung im Bund. Aber natürlich gibt es auch Leute in meiner Partei, die das nicht wollen. Davon darf sich die Partei jedoch nicht leiten oder verführen lassen. Wer nicht kompromissfähig ist, ist nicht demokratiefähig. Und wer zu viele Kompromisse macht, gibt seine Identität auf.

Sie finden den Begriff »Neustart« der EU gut. Ich glaube, er drückt sich um eine klare Aussage, ob man für oder gegen die EU ist.

Ich finde ihn deshalb gut, weil er deutlich macht, dass wir zu den ursprünglichen Ansätzen zurück müssen, die es mal gegeben hat, als es um mehr Demokratie, mehr Solidarität ging. Zum Beispiel wurden doch Länder wie Portugal, Spanien und Griechenland auch aufgenommen, um nach den Diktaturen dort die demokratische Entwicklung zu stützen. Und heute werden diese Länder ruiniert. Das ist eine völlig andere EU. Wir hatten auch in unserer Partei einen Neustart, ohne sie aufzulösen. Deshalb verstehe ich den Begriff anders als Sie.

Im Europaparlament wird von der Linksfraktion schon ganz konkrete Arbeit geleistet. Wie soll denn das Verhältnis der Partei der Europäischen Linken zur GUE/NGL-Fraktion aussehen?

Darüber werden wir beraten, das habe ich ja nicht allein zu entscheiden. Darüber wird der Vorstand beraten, darüber wird auch die Fraktion beraten. Ich möchte auf jeden Fall, dass das Verhältnis enger wird, weil auf beiden Seiten unterschiedliche Möglichkeiten bestehen. Die Fraktion kann agieren im Parlament, sie kann uns auch informieren über Vorgänge dort, was man gar nicht so mitbekommt, wenn man im dortigen parlamentarischen Betrieb nicht präsent ist. Wir können wiederum Vorschläge unterbreiten zu Themen, von denen wir meinen, es wäre günstig, sie ins Europäische Parlament einzubringen. Es gibt auch heute schon kein Konkurrenzverhältnis zwischen EL und GUE/NGL, und ich möchte auch nicht, dass wir ein »Nicht-Verhältnis« haben, sondern dass enger zusammengearbeitet wird und dass wir uns abstimmen.

Sie sind Präsident der Europäischen Linkspartei, die frühere PDS-Vorsitzende Gabi Zimmer ist Vorsitzende der Linksfraktion im Europaparlament. Ist das für einige Parteien in der EL nicht etwas zu viel Berlin?

Man muss doch Folgendes sehen: Die Europäische Union wird von Deutschland dominiert. Und zwar in völlig falscher Richtung. In Richtung Abbau der Demokratie, in Richtung Sozialabbau, gerade im Süden Europas. Und wenn zwei Deutsche dem deutlichst widersprechen, zeigt es: Es gibt auch ein anderes Deutschland. Vielleicht ist es nicht so schlecht, dass Europa erfährt, es gibt neben Frau Merkel und Herrn Schäuble auch andere, zum Beispiel Gabi Zimmer und Gregor Gysi.

Haben sich politische Parteien, ob auf nationaler oder europäischer Ebene, nicht überlebt? Gehört die Zukunft nicht den Bewegungen?

Ich verstehe ja alle Bedenken gegen Parteien. Und glauben Sie mir, ich bin in meine Partei nicht verliebt, ich bin auch nie in einen Staat verliebt gewesen. Frauen kann man lieben oder auch Männer, aber nicht Parteien und Staaten. Nur, was man wissen muss: Wenn ich etwas politisch erreichen will, schaffe ich es nicht als Einzelner. Also brauche ich eine Organisationsstruktur. Und wenn ich eine Organisationsstruktur habe, gibt es immer auch Leitungen, oder es gibt Formen der Abstimmung, die schnell gehen. Das Internet ermöglicht da heute vieles. Ich sage, wir müssen Parteien verändern, aber wir brauchen Zusammenschlüsse, wenn es so viele politische Gemeinsamkeiten gibt, dass man sich für bestimmte Dinge eben auch gemeinsam und dadurch wesentlich wirkungsvoller einsetzen kann und will.

Gabi Zimmer

Von Ventotene nach Brüssel

Die Linken werden gebraucht, um eine andere, progressivere EU zu ermöglichen. Sie werden nicht mehr gebraucht, wenn sie sich auf ihre nationalen Kämpfe und Interessen beschränken.

Als die Europäische Union 2017 mit Pomp und Gedöns den 60. Jahrestag der Unterzeichnung der Römischen Verträge beging, berief sie sich immer wieder auf das Manifesto von Ventotene: Für ein freies und einiges Europa. Projekt eines Manifests. Dieser programmatische Text wurde 1941 von drei italienischen Antifaschisten (Altiero Spinelli, Ernesto Rossi, Eugenio Colorni) auf der italienischen Gefangeneninsel Ventotene verfasst und auf Zigarettenpapier herausgeschmuggelt. Dieser Text wurde bewusst als Teil der Gründungsmythologie der heutigen EU missbraucht. Zeitzeugen berichteten, dass die Ideen von Spinelli, Rossi und Colorni zwar die italienische Verfassung von 1948 stark beeinflussten, dagegen kaum Eingang in die Gründungsdokumente und späteren Verträge der heutigen EU fanden. Im Gegenteil. Während der offiziellen Gründungszeremonie, die am 23. März 1957 im Teatro Adriano in Rom stattfand, warfen Altiero Spinellis Föderalisten Flugblätter von der Galerie auf die Reihen der Ehrengäste mit der Botschaft, dass sie das gegründete »Monster« nicht anerkennen.[1] Schließlich hatten sich die Verfasser des Manifesto für ein strikt reguliertes Privateigentum ausgesprochen, die wirtschaftsgeleiteten Interessen der Nationalstaaten als Ursache für Kriege in Europa gebrandmarkt, ein radikales Demokra-

[1] Luciana Castellina: Take care of European society and commit to building agents of change, in: Reclaim the Manifesto of Ventotene. What future for the EU? Hrsg. von der GUE/NGL- Fraktion im Europaparlament, 2018, S. 17.

tieverständnis entwickelt und dazu noch erklärt, dass ein freies und einiges Europa nur ein sozialistisches sein könne.

Es gehörte zu den beeindruckendsten politischen Erlebnissen in meiner Zeit als linke Europaabgeordnete, dass wir, Mitglieder der GUE/NGL-Fraktion, zusammen mit der Europäischen Linken und transform! europe eine Debatte initiierten, die eine kritische Aufarbeitung und Wiederaneignung des Manifestos von Ventotene ermöglichte. Es konnte den Mythen der Neoliberalen entrissen und dank der Mitwirkung linker und progressiver Intellektueller aus verschiedensten Ländern als ein für die Debatten um ein anderes Europa, eine andere EU inspirierendes Dokument linken Denkens wiedergewonnen werden.

Angesichts des zunehmenden Einflusses reaktionärer Kräfte, die offen Ressentiments, Zwietracht und Hass schüren und eine weltoffene Perspektive für Europa infrage stellen, sind die Linken in Europa mehr denn je gefordert, sich ihrer internationalistischen, europäischen Wurzeln zu besinnen. Das schmähliche Versagen der EU in der Migrations- und Flüchtlingspolitik, eine interessengeleitete Außenpolitik, die immer mehr auf Stärke, Erpressung und Sanktionen setzt, eine ermattete europäische Integration, der Wandel der EU zu einer militärischen Macht sind nur einige Beispiele, für die es eine starke europäische Linke braucht.

Die Europäische Linke, die Linksfraktion im Europaparlament (The Left/Die Linke) und transform! europe verfügen über genügend Möglichkeiten, diese Debatte mit linken und progressiven Parteien, Bewegungen und Initiativen zu forcieren und nachhaltige solidarische Kooperationen in Europa zu entwickeln. Für einen guten Rahmen halte ich die jährlich stattfindenden Europäischen Foren, die von der Europäischen Linken ins Leben gerufen worden sind. Es braucht dringend eine linke Sicht auf europäische und globale Sicherheit! Gerade der Krieg Russlands gegen die Ukraine, die offene Propagierung eines »Siegfriedens« durch maßgebliche EU-Vertreter und EU-Mitgliedstaaten führen uns unsere eigene Zwiespältigkeit, Unklarheit, Verunsicherung immer wieder neu vor Augen. Unter den heutigen Bedingungen geht es um ein komplexes Sicherheitsverständnis. Ursachen für die Gefährdung unseres Planeten und des menschlichen Zusammenlebens durch Krieg, Gewalt, Klimaerwärmung, Zerstörung von Umwelt und Artenvielfalt, soziale Ungleichheit, bittere Armut und Diskriminierung, ungebremstes Wirtschaftswachstum und Profitstreben müssen aufgedeckt werden. Es geht darum, Lösungswege und Alternativen zu erarbeiten. Gesellschaftliche Akteure zu stärken und Bündnisse einzugehen, die sich dieser Entwicklung entgegenstellen. Wer anders als diejenigen, die sich mit den gegebenen Herrschaftsverhältnissen nicht abfinden, diese überwinden wollen, könnte dazu beitragen?

Im Rahmen der von uns angestoßenen Debatte zum Manifesto verwies Etienne Balibar, französischer Philosoph, darauf, dass sich die Linke in einem Dilemma befände: Zu wissen, ohne die EU gehe es nicht. Ein Kollaps der europäischen Institutionen und das Aufgeben eines potenziellen europäischen Föderalismus verbessere keineswegs die Bedingungen für künftige Kämpfe der Linken. Deshalb sei sie zu bewahren, aber um den Preis einer radikalen politischen Transformation, die neue Machtverhältnisse in Europa hervorbringe und das Werk aller seiner Bürger sei.[2] Also, so wie sie ist, könne sie keineswegs bleiben.

Die Fraktion der GUE/NGL, heute The Left (Die Linke) im Europaparlament, hat sich über die Jahre hinweg als Adresse wiederum für einen solchen Austausch erwiesen. Indem sie Räume denjenigen öffnet, die eine Verständigung und Vernetzung über den nationalen Rahmen hinaus suchen. Ich erinnere mich unter anderem an die Proteste gegen die Europäische Dienstleistungsrichtlinie, die Unterstützung der Hafenarbeiter in ihrem Widerstand gegen die neoliberale Regulierung ihrer Arbeitsbedingungen in den Häfen der EU, die europäischen Märsche gegen Obdachlosigkeit, die Initiativen der europäischen Armutsbewegungen, die Foren mit Akteuren im Kampf gegen Kinderarmut oder auch gegen Energiearmut in der EU, die Beteiligung an den Demonstrationen zur Verhinderung der EU-Freihandelsabkommen mit den verschiedens-

---

2 Etienne Balibar: The future of Europe, in: Reclaim the Manifesto of Ventotene. What future for the EU?, S. 16.

ten Regionen in der Welt, die konkrete Solidarität mit in die EU Geflüchteten, die Delegationen der Fraktion in den Flüchtlingslagern Lampedusa und Moria, die jahrelange konstruktive Zusammenarbeit mit dem Netzwerk linker europäischer Gewerkschafterinnen und Gewerkschafter, an die gemeinsamen Initiativen mit Feministinnen weit über die EU hinaus. Oder auch das eigenständige Agieren der Fraktion auf den Weltsozialforen und die Organisierung der Treffen linker Parlamentarier aus aller Welt auf diesen Foren.

Diese enge Verbindung mit sozialen Akteuren stärkte wiederum die Fraktion vor allem im Kampf um soziale Mindeststandards, die Verbesserung von Arbeits-und Lebensbedingungen und die Stärkung des sozialen Dialogs in der EU. Obwohl sie zurzeit die kleinste Fraktion im Europaparlament ist, gelang es ihr, Mehrheiten im Europaparlament für die Festlegung angemessener Mindestlöhne zu gewinnen, die inzwischen als EU-Richtlinie bindend für die Mitgliedstaaten ist. Ein wichtiger Schritt im Kampf gegen Lohndumping und Armut trotz Erwerbsarbeit!

Die Vielfalt der linken Parteien in der Fraktion, ihre unterschiedlichen politischen und kulturellen Erfahrungen und ihre eigenen Vernetzungen waren dabei immer die Quelle für diese Formen der Kooperation mit progressiven und linken Akteuren. Es war, auch wenn wir uns untereinander in der Fraktion bis zur Schmerzgrenze rauften, immer der Konsens in der Fraktion, diese gemeinsame Basis nicht aufzugeben. Ich würde mir wünschen, wenn die jeweiligen nationalen Parteien, und das gilt auch für Die Linke in Deutschland, die Möglichkeiten, die sich für das politische Handeln in Europa ergeben, stärker in ihren Fokus nehmen.

EU-Wahlen 2024: Mehr als ein Testlauf für nationale Wahlen

Die Europawahlen 2024 müssen für die linken Parteien in der EU mehr sein als nur ein Testlauf für bevorstehende nationale Wahlen. Jahrelang wurden Europawahlen mehr oder weniger benutzt, um die jeweiligen nationalen Wahlen vorzubereiten. Notwendige Klärungsprozesse wurden beiseitegeschoben. In Wahlaussagen spiegelten sich Widersprüche, Ungereimtheiten wider. Die Länge der Wahlprogramme ersetzte die Klarheit der Aussagen, die Wählerinnen und Wähler brauchen, um zu wissen, warum es wichtig sei, linke Parteien in das Europaparlament zu wählen.

Das gilt selbstverständlich auch für den gemeinsamen Wahlkampf der linken Parteien auf der Grundlage einer gemeinsamen Wahlplattform, die Unterstützung möglicher gemeinsamer Spitzenkandidatinnen und Spitzenkandidaten. Wie die letzten Europawahlen 2019 zeigten, haben hier fast alle Beteiligten noch viel Luft nach oben. Die Wahlergebnisse sollten aufrütteln. Nur wenige linke Parteien wie Syriza, die Portugiesische KP waren in der Lage, ihre Position zu halten oder wie die neu hinzugekommene La France insoumise durchzustarten.

Um allen Missverständnissen vorzubeugen: Die Fraktion Die Linke im Europäischen Parlament – GUE/NGL arbeitet zum Teil sehr eng mit der Partei Europäische Linke zusammen, ist aber nicht automatisch ihr parlamentarischer Arm. Nur die knappe Hälfte der Mitgliedsparteien der Fraktion arbeiten auch in der Europäischen Linken mit. Die Fraktion im Europaparlament wurde vor fast 30 Jahren als Konföderation vorwiegend kommunistischer Parteien (GUE), der wenig später Abgeordnete der Nordisch Grünen Linken beitraten (NGL), gegründet. Sie hat bis heute ihren konföderalen Charakter beibehalten. Das heißt, jede Partei, jede Liste und auch unabhängige Abgeordnete bilden eine Delegation in der Fraktion, deren Gewicht unabhängig von der zahlenmäßigen Stärke gleich ist. Damit soll gewährleistet werden, dass die schwierige Suche nach den politischen Gemeinsamkeiten im Vordergrund steht. Konsensbildung, so lautet hier das Schlüsselwort. Was so viel heißt wie: entweder man einigt sich oder es gibt keine Entscheidung, die im Namen der Fraktion vertreten werden kann.

So erklärt sich auch, warum es mehr als 25 Jahre bis zur Entscheidung der Fraktion brauchte, vom etwas sperrigen Namen GUE/NGL zur Kurzbezeichnung Die Linke (englisch The Left, französisch La Gauche) überzugehen. Dabei hat sich die Fraktion im Laufe der Jahre sehr verändert. Ursprüngliche Gründungsparteien der Fraktion sind geschrumpft oder gar nicht mehr vertreten, wie die italienische Linke oder die Französische Kommunistische Partei. Die nordisch grüne Linke stellt nur noch drei Abgeordnete. Andere Parteien, Listen oder Einzelabgeordnete, kamen hinzu. Manche Parteien stehen zueinander in Konkurrenz. Die spanische Linke ist zeitweise mit vier verschiedenen Delegationen in der Fraktion vertreten! Wird das auch eine mögliche Option für die deutsche Linke?

Die Zukunft der Linken liegt in Mittel- und Osteuropa!

Das soll provozierend klingen! Entscheidend für die Profilierung und das politische Gewicht der europäischen Linken ist die Frage, wer überhaupt nicht in der Fraktion vertreten ist: Aus den mittel- und osteuropäischen EU-Staaten kommt nur eine einzige Abgeordnete, Kateřina Konečná aus der Tschechischen Republik. Das ist die eigentliche Misere der Fraktion. Politik für EUropa kann aus linker Perspektive nicht hinreichend entwickelt werden, wenn die Auswirkungen gegenwärtiger EU-Politik auf die sozialen, ökologischen und ökonomischen Lebensverhältnisse der Menschen in Polen, Ungarn, Slowenien, der Slowakei, Bulgarien, Rumänien, Kroatien nicht direkt, sondern höchstens aus zweiter oder dritter Hand reflektiert und aufgegriffen werden können. Dieses Defizit wird sich mit den bevorstehenden EU-Beitritten weiterer Staaten aus Osteuropa und dem Westbalkan noch verschärfen!

Das lässt sich nur beheben, wenn sich die westeuropäischen linken Parteien als Teil Gesamteuropas und der EU verstehen. Es geht nicht nur darum, Brüssel als das imperialistische Machtzentrum zu bekämpfen, sondern sich mehr um die Entwicklung einer europäischen Gesellschaft zu kümmern und sich zu verpflichten, auf dieser Ebene Akteure des Wandels aufzubauen.[3]

Ein weites Feld, das gemeinsam von Europäischer Linkspartei, den Linken im Europaparlament und den nahestehenden Stiftungen beackert werden muss!

---

[3] Luciana Castellina: Take care of European society and commit to building agents of change, in: Reclaim the Manifesto of Ventotene. What future for the EU? Hrsg. von der GUE/NGL- Fraktion im Europaparlament, 2018, S. 23.

»Europa ist veränderbar«

Ein Gespräch mit Heinz Bierbaum

Über die Europäische Linke, die Corona-Folgen und den Stellenwert der EU für Linksparteien.[1]

Uwe Sattler: *Sie sind ein halbes Jahr Präsident der Partei der Europäischen Linken. Wie groß sind die Fußstapfen von Gregor Gysi, in die Sie getreten sind?*

Heinz Bierbaum: Gregor Gysi ist natürlich sehr viel bekannter als ich und hat damit auch der EL ein Gesicht gegeben. Ich glaube aber, ich bin deshalb in Malaga gewählt worden, weil ich etwas von europäischer Politik verstehe und mich schon lange damit beschäftige.

Das heißt, Gregor Gysi hatte einen Namen, aber nicht so viel Ahnung von Europa?

Das will ich nicht sagen. Aber es ist schon so, dass ich glaube, in der europäischen Politik relativ gut zu Hause zu sein. Und es war wichtig für die EL, mit Gregor Gysi ein Gesicht und einen Namen zu haben.

Die EL gilt, gelinde gesagt, als kompliziert. Haben Sie es schon bereut, die Funktion angetreten zu haben?

Nein, habe ich nicht. Was mir natürlich derzeit gerade Probleme bereitet, ist die Corona-Pandemie. Wir sind in der EL über Videokonferenzen in Kontakt. Ich bin kein großer Freund davon, weil

---

[1] Der Wirtschaftsprofessor und Vorsitzende der Internationalen Kommission der deutschen Linkspartei Heinz Bierbaum übernahm 2019 die Präsidentschaft der Europäischen Linken auf dem »Reset Europe« überschriebenen Kongress in Málaga. Neben der Weiterentwicklung des European Forum wurden unter Bierbaums Führung vor allem die Beziehungen zu den Gewerkschaften ausgebaut. Das Interview erschien am 27. Mai 2020 in »nd.DerTag«.

ich finde, man kann nicht so diskutieren, wie es notwendig wäre. Das beschränkt einerseits unsere Aktivitäten in der EL, andererseits auch unsere Zusammenarbeit mit anderen Gruppierungen, mit denen wir kooperieren möchten, ebenso unsere Kontakte zur Linksfraktion GUE/NGL im Europaparlament.

Sie haben als EL eine sogenannte Plattform zur Coronakrise vorgelegt. In den vergangenen Wochen ist das gesamte parlamentarische System praktisch ausgehebelt worden, die Regierungen haben die Entscheidungshoheit übernommen. Was glauben Sie, wer in dieser Situation auf die Partei der Europäischen Linken hört?

Das ist unsere große Schwierigkeit. Deswegen haben wir uns bemüht, eine solche Plattform zu entwickeln. Es war erst einmal wichtig, uns selbst zu positionieren und zu zeigen, dass wir da sind und etwas zu sagen haben. Eine solche gemeinsame Positionierung ist ja in der Europäischen Linken nicht ganz einfach herzustellen, weil wir sehr unterschiedliche Positionen in den Parteien haben. Ich glaube übrigens, dass die »Unsichtbarkeit« nicht nur das Problem der Europäischen Linken ist, sondern wir haben gegenwärtig insgesamt die Situation, dass die Linke in der gesellschaftlichen Debatte recht wenig vorkommt. Das gilt national, das gilt europäisch - es ist leider nicht die Stunde der linken und progressiven Kräfte.

Martin Schirdewan, Fraktionschef der GUE/NGL, sagt, die Coronakrise biete auch Chancen für Europas Linke. Schließlich sei das Wort Solidarität, ein originär linker Begriff, derzeit in aller Munde.

Er ist zwar in aller Munde, aber er schlägt nicht durch. Aber ich stimme völlig zu – die Linke hat in dieser Situation eine Chance. Ich will es verdeutlichen: Wir haben einen gewissen Stimmungsumschwung. Die wichtigen Personen sind heute Krankenschwestern, Betreuer in den Kitas, diejenigen, die in den Geschäften unter schwierigen Bedingungen arbeiten. Das sind die neuen Heroen. Nicht die Manager großer Finanzgesellschaften und dergleichen mehr. Und gleichzeitig gibt es ein Bewusstsein, dass das, was bisher gemacht worden ist, nicht zur Stärkung der Gesellschaft geführt, sondern erhebliche Probleme insbesondere im Gesundheitssektor hervorgerufen hat, aber auch insgesamt bei der Daseinsfürsorge. Diesen Stimmungsumschwung müssen wir als Linke nutzen, wir müssen ihn dauerhaft machen. Dafür gibt es Gründe: In der Krise wurden beispielsweise im Eiltempo fiskalische Regeln gelockert und Dinge aufgehoben, die vorher undenkbar waren. Der europäische Wachstums- und Stabilitätspakt ist beispielsweise suspendiert worden, die Schuldenbremse in Deutschland ist faktisch außer Kraft. Aber ich bin eben auch ganz sicher, dass die Regierungen, wenn sie glauben, dass die Krise vorüber ist, wieder zum alten Mechanismus und zu alten Regeln zurückgehen wollen. Die Linke muss deutlich machen, dass das, was passiert ist, letztlich die Konsequenz einer jahrzehntelangen falschen Politik war und dass wir einen nachhaltigen Politikwechsel brauchen.

Diese Analyse ist sicherlich richtig, aber es muss doch um Handlungsoptionen gehen. Und abgesehen vom »gesundheitspolitischen Teil« werden in der EL-Plattform jene Forderungen gestellt, die die Linke seit Jahr und Tag erhebt.

Ja, und die erheben wir zurzeit auch noch mit vielen anderen, das muss man sagen. Aber es ist natürlich klar, dass in der gegenwärtigen Situation der Fokus auf dem Schutz der Bevölkerung liegt. Deswegen haben wir das auch an den Anfang des Papiers gestellt. Und wir haben in dem Zusammenhang eine ganz konkrete Forderung – dafür gibt es auch eine europäische Petition –, das ist der europäische Gesundheitsfonds, Größenordnung 100 Milliarden Euro, finanziert über langfristige Titel, die nicht auf dem Markt gehandelt werden sollen. Aber es ist richtig, das ist nicht der Hauptteil des Papiers, sondern das ist der Beginn. Was heißt das jetzt weiter? Wir haben drei Schlussfolgerungen. Erstens, wir müssen national wie auf europäischer Ebene die öffentlichen Dienstleistungen stärken, insbesondere den Gesundheitssektor. Aber auch ein umfangreiches Wiederaufbauprogramm ist aufzulegen, finanziert über die EZB, und zwar in Richtung des notwendigen sozialökologischen Wandels der Industrie und der Wirtschaft. Andere nennen das auch sozialen oder linken Green

New Deal. Ein zweites Thema, das wir wieder aufgegriffen haben, das ebenfalls von der Bildfläche verschwunden war, sind die Schulden. Wir fordern ein allgemeines Schuldenmoratorium. Und wir denken drittens, dass die Europäische Zentralbank die wesentliche Rolle bei der Finanzierung spielen muss. In dem Zusammenhang ist es ja interessant, dass es auf der europäischen Ebene leichte Veränderungen gibt.

Sie spielen auf den Marcron-Merkel-Vorschlag eines 500-Milliarden-Hilfspakets an.

Das geht aus meiner Sicht schon in die richtige Richtung, weil es sich um Zuschüsse handelt, die nicht zurückgezahlt werden sollen. Zwar werden die Staaten dann indirekt wieder über den EU-Haushalt ein Stück weit zur Kasse gebeten, aber es ist erst mal ein Punkt, wo eine bestimmte Verschuldung gemacht wird, entgegen allen bisherigen Prinzipien. Aber klar ist auch, dass das Programm mit 500 Milliarden Euro viel zu gering ausgestattet ist. Und ich glaube nicht, dass es realisierbar ist, weil alle 27 EU-Staaten zustimmen müssen. Und die Widerstände sind bereits jetzt erheblich.

Das Geld liegt nicht im Keller der Europäischen Zentralbank, irgendjemand muss zum Schluss die Zeche zahlen. Und in der Banken- und Finanzkrise 2008/2009 waren es die Bürgerinnen und Bürger über ihre Steuergelder.

Das ist genau der Punkt, der vermieden werden muss. Die Krise 2008/ 2009 ist durch Finanzspekulationen verursacht worden, von den Banken, die dann als systemrelevant erklärt und gerettet wurden. Wir müssen aufpassen bei der Geldverwendung, dass es tatsächlich in die reale Wirtschaft geht und nicht in die Spekulation, auch nicht in die großen Finanzfonds, und dass damit Programme aufgelegt werden, die im Interesse der Beschäftigten, der Bevölkerung sind. Das halte ich für absolut zentral.

Sie haben den Streit der Regierungen um Coronahilfen angesprochen. Sind die EL-Parteien derzeit ihren nationalen oder eher europäischen Interessen verpflichtet?

Ich glaube, dass wir zurzeit ein gutes Miteinander in der Diskussion haben. Und unsere Mitgliedsparteien sind auch überzeugt, dass wir europäisch mehr tun müssen. Klar ist dabei: Die Europäische Union ist für uns kein positiver Bezugspunkt. Ich habe auch immer formuliert, dass die Verträge von Maastricht und Lissabon keine Basis für ein Europa sind, das wir wollen, nämlich ein demokratisches, soziales, ökologisches und friedliches Europa. Darüber sind wir uns einig.

Das heißt, die EL will die Europäischen Verträge ändern?

Ja, absolut. Aber dazu müssen wir erst einmal die politischen Kräfteverhältnisse so hinbekommen, dass das möglich sein wird. Umgekehrt ist es ja übrigens so, dass, wenn die herrschende Klasse das will, Verträge ganz schnell geändert werden. Es gibt natürlich in der EL verschiedene Auffassungen, wie radikal die Vertragsänderungen ausfallen müssen.

Dazu muss Europa in den Parteien aber eine Rolle spielen. Wie sieht es damit bei der deutschen Linken aus?

Ich versuche immer deutlich zu machen, dass auch für die Politik der Linken das Thema Europa eine wichtige Rolle spielen muss. Uns hat lange die Frage behindert, ob die EU reformierbar ist oder nicht. Das ist eine abstrakte und nicht zielführende Frage. Weil man sagen kann, auf Basis der Verträge ist Europa, ist die EU nicht so reformierbar, wie wir das wollen. Aber Europa ist veränderbar. Und entscheidend sind eben politische Prozesse, die dazu führen. Da müssen wir uns einklinken. Gelingt uns das nicht, dann werden ohnehin schon vorhandene Desintegrationstendenzen zunehmen – mit der Gefahr eines Umschlags in autoritäre und nationalistische Antworten auf die Krise. Ich hoffe, dass diese Fragen in der Linken jetzt doch größeren Stellenwert haben als bisher. Aber ich will auch klar sagen: noch keinen ausreichenden.

Roland Kulke

Ein Auftrag zur Debatte

Das »European Forum« und die Partei der Europäischen Linken

Im Europäischen Parlament (EP) arbeiten die politischen Parteien links der Mitte seit Jahrzehnten immer wieder zusammen – wie 2023 sehr erfolgreich zur Durchsetzung des Mindestlohnes in der EU. Im Europaparlament finden wir also eine dauerhafte taktische Zusammenarbeit dieser Parteifamilien. Im EP gibt es weiterhin eine sehr kostbare, wenn auch prekäre Zusammenarbeit im »Progressive Caucus«. Hier treffen sich auf individueller Basis, lose verbunden, aber mit dem erklärten Willen zu wiederholtem Austausch und Diskussion, Abgeordnete des EP aus der Linksfraktion, von Grünen und Sozialdemokraten. Der Caucus hat allerdings durch die Covid-Pandemie gelitten, da echter vertrauensvoller Austausch über die Grenzen etablierter Parteifamilien hinweg des persönlichen Kontakts bedarf. Im Bereich der Zivilgesellschaft gab es lange Jahre das europäische Sozialforum, das aber gegenwärtig keine starke Rolle zu spielen vermag.

Was gibt es also sonst an auf Dauer gestellten Orten des Diskutierens und gemeinsamen Lernens zwischen den politischen Parteien? Es war dieser Mangel an organisiertem Austausch, der die Partei der Europäischen Linken (EL) dazu bewegte, über eine vertiefte Zusammenarbeit zwischen Linken, Sozialdemokraten und Grünen nachzudenken.

Der politische Hintergrund der Entstehung des Forums

Die Krise des Finanzmarktkapitalismus Ende der 2000er-Jahre und die unerträglichen Angriffe der Troika (und Deutschlands) auf die griechische Linksregierung waren Höhepunkte des Neoliberalismus. Die Eliten hetzten das Monster der Austerität auf die populären Klassen Europas, um die Kosten der geplatzten Spekulationsblasen auf deren Schultern zu verlagern.

Dagegen organisierte die französische Linke am 30. und 31. Mai 2015 in Paris das Forum der Alternativen auf dem zentral gelegenen Place de la République. Der damalige französische Präsident der EL Pierre Laurent (KPF) war von diesem Konzept so überzeugt, dass er Ähnliches auf EU-Ebene sehen wollte. So startete der Vorbereitungsprozess in der EL. Im November 2017 war es so weit: Linke Akteure wurden nach Marseille zum ersten *European Forum* der linken, grünen und progressiven Kräfte eingeladen.

Seit 2017 findet das Forum nun jährlich in unterschiedlichen Städten der EU statt. Einige wenige Hauptredner*innen sollen hier genannt werden, um die Bandbreite des *European Forum* aufzuzeigen. Über die Jahre waren jenseits der Mitgliedsparteien der EL die belgische PTB, La France insoumise, Razem, oder die HDP vertreten. Als Redner*innen traten neben Martin Schirdewan, Gabi Zimmer, Gregor Gysi, oder Alexis Tsipras auch Jean-Luc Mélenchon, Mary Lou McDonald (Sinn Fein), Rafael Correa und der Generalsekretär des europäischen Industriegewerkschaftsverbandes IndustriAll Luc Triangle auf. Aus der Zivilgesellschaft waren z. B. ATTAC, das internationale Friedensbüro, die Right2Cure Kampagne, das europäische Netzwerk migrantischer Frauen, oder Global Justice Now auf dem Forum vertreten.

Im »Maschinenraum« des European Forum

Es hat sich mittlerweile eine feste Struktur des Vorbereitungsprozesses des Forums etabliert. Regelmäßig treffen sich in der »großen Arbeitsgruppe« Repräsentant*innen der an der Teilnahme interessierten Organisationen. Hier muss unterstrichen werden: Organisationen, nicht Individuen. Denn hierum geht es bei dem Forum. Auch wenn herausragende Intellektuelle als Sprecher*innen eingeladen werden, so zielt dieses Forum nicht darauf ab, individuelle Aktivist*innen zusammenzuführen. Es geht um etwas anderes. Angestrebt wird, dass sich jährlich ca. 400 Repräsentant*innen von Parteien, Organisationen oder Bewegungen der Zivilgesellschaft treffen und gemeinsam diskutieren. So waren beim *Euro-*

pean Forum 2022 insgesamt 350 Teilnehmer*innen dabei, die 125 Organisationen aus 35 Ländern vertraten.

Im Zentrum des Forums, und seiner Steuerung, sollen die drei europäischen Parteifamilien stehen, und um sie herum, und von ihnen eingeladen, sehen wir dann Gewerkschaften, Nichtregierungsorganisationen (NGOs) und soziale Bewegungen, die die Diskussionen anregen, vorantreiben und bereichern. Man kann hier also erkennen, dass das *European Forum* vom Sao Paolo Forum Lateinamerikas inspiriert wurde. Dieses ist mit seiner über 20-jährigen Geschichte allerdings stärker organisiert und strukturiert.

Wir finden also die drei Parteifamilien, ihre Stiftungen und andere Organisationen in der »großen Arbeitsgruppe«. Dann gibt es noch die »kleine AG«, die sich den technischeren Fragen widmet wie Ort und Zeit des Treffens, aber auch der Frage wie viele Panels, Seminare und selbstorganisierte Räume es geben soll. Hier findet auch eine Koordinierung mit der Linksfraktion THE LEFT im Europaparlament statt.

Die Rolle der politischen Stiftungen

Die politischen Stiftungen der drei Parteien, transform! europe, die Green European Foundation (GEF) und die Foundation for European Progressive Studies (FEPS, Europäische Stiftung für Progressive Studien) der Sozialdemokraten bilden eine Ausnahme bei der Vorbereitung und Durchführung der Foren. Die drei Stiftungen fingen auf Anregung von transform! europe an, ihre besonderen Fähigkeiten als politische Stiftungen einzusetzen, um die Foren zu unterstützen. Die Stiftungen sind beides: Stiftungen und zutiefst politisch; alle Stiftungen sind besetzt mit politisch denkenden und handelnden Personen. Aber selbst, wenn die Mitarbeiter der Stiftungen parteipolitisch engagiert sind, ihr Auftrag in den Stiftungen ist die akademische Arbeit. Sie organisieren Treffen und generieren Wissen und vermitteln dies. Politische Stiftungen sind somit außerhalb des unmittelbaren politischen Feldes situiert, und können, weil sie sich zuerst einmal den Fragen des Wissens und seiner Vermittlung widmen, schneller gemeinsame Fragen und daraus erwachsendes gemeinsames Vorgehen finden. In den letzten Jahren haben die drei genannten Stiftungen als Katalysatoren, oder manchmal vielleicht eher als Schmiermittel, wirken können, um die Organisation des Forums zu verbessern.

Worum soll es beim Forum gehen?

Das Forum soll ein Ort werden, bei dem sich die drei großen Parteifamilien zusammenfinden können, um miteinander ins Gespräch zu kommen. Das heißt nicht, dass man sich in Einheitsappellen ergeht. Was die Europäische Linke als »Erfinderin« des Forums aber erreichen will, ist: Die Zusammenarbeit soll dort gestärkt werden, wo sie möglich, und im Sinne aller ist.

Jedes Forum endet mit einer gemeinsamen Erklärung. Darüber hinaus wird aber seit einigen Jahren auch ein gemeinsamer Aktions-Plan (Action Plan) entworfen. Dieser Plan soll dem Forum im jeweils nächsten Jahr zu Handlungsfähigkeit verhelfen. Das Forum soll eben nicht nur ein Ort des Austausches und Lernens sein. Aus den Diskussionen sollen auch gemeinsame Handlungen entstehen.

Deswegen umfasste der Aktionsplan für 2023 Mobilisierungen zum 8. März, eine Konferenz zum Sieg über den Faschismus in Budapest und eine Konferenz zum Weltumwelttag am 5. Juni. Eine besondere Arbeitsgruppe des Forums kümmert sich nun um die Umsetzung des Aktionsplans, um diesen in den kommenden Jahren zu stärken.

Es gibt mindestens zwei politische Felder, bei denen eine gewisse dauerhafte Interessenüberschneidung zwischen den drei Parteifamilien vorliegt. Das ist der Kampf gegen den Klimawandel und der Kampf gegen die radikale Rechte. Man könnte noch, unter Einschränkungen, den Kampf gegen die Austeritätspolitik hinzu nehmen. Zu diesen Problemfeldern gibt es selbstverständlich keine gleich gelagerte Analyse und noch weniger daraus sich ergebende ähnliche Schlussfolgerungen, was zur Verhinderung der beiden Phänomene getan werden müsste. Aber es gibt doch genug gemeinsame Grundlagen, um zu versuchen, den Kampf hier und da gemeinsam effektiver zu führen.

So wird es beim European Forum 2023 einen von der FEPS organisierten Workshop zur Rolle des Wohlfahrtsstaates im 21. Jahrhundert geben. Unter der Leitung der GEF wird es eine gemeinsame Diskussion zur Klimakrise und der Rolle der Energiesysteme geben. Transform! europe wird ein gemeinsames Treffen zur Überwindung der Diktaturen in Portugal, Spanien und Griechenland organisieren. Die EL hingegen versucht, den Prozess der politischen Kooperation zu vertiefen, sodass es 2023 erstmals ein Treffen von Abgeordneten aus den nationalen Parlamenten und dem EP geben wird.

In diesem kurzen Beitrag haben wir versucht zu zeigen, dass es der EL seit einigen Jahren gelingt, einen neuen spannenden politischen Raum auf EU-Ebene zu schaffen, der sich langsam fortentwickelt und erweitert. Das *European Forum* ist ein Auftrag, kein Ergebnis. Es bleibt zu hoffen, dass Grüne und Sozialdemokraten die Einladung in Zukunft verstärkt akzeptieren und eine aktivere Rolle im Forum spielen werden. Wir werden auch in den kommenden Jahren daran arbeiten müssen, die Zusammenarbeit zwischen den politischen Parteien links der Mitte zu stärken und den Austausch mit der linken Zivilgesellschaft zu vertiefen. Das European Forum mit seiner Idee der Zusammenarbeit über Parteigrenzen hinweg ist selbstverständlich nicht die einzige richtige Antwort auf die Probleme der Gegenwart. Aber Zusammenarbeit muss eben sein, denn die Konservativen sind längst dabei angebliche Brandmauern gegen die rechtsradikalen Kräfte einzureißen. Unsere Aufgabe als radikale Linke ist es, in dieser Zusammenarbeit der politischen Kräfte links der Mitte die Klassenperspektive zu stärken.

»Neoliberalismus ist permanente Demütigung der Mittelklasse«

Gespräch mit Walter Baier

Der aktuelle Präsident der EL zum Rechtsruck in der EU und zu den Herausforderungen für die europäischen Linksparteien angesichts von Krise und Ukraine-Krieg.[1]

Uwe Sattler: *Die Europäische Linke gilt nicht gerade als pflegeleicht. Wissen Sie, worauf Sie sich als Präsident des Vielparteienbündnisses eingelassen haben?*

Walter Baier: Eigentlich schon. Ich habe ja die Entwicklung der Europäischen Linken begleitet, politisch und wissenschaftlich. Und ich glaube, relativ gut zu verstehen, worin die strukturellen Probleme der EL liegen, welche Widersprüche in ihrer Entwicklung auftreten und mit welchen Schwierigkeiten die neue Leitung – das bin ja nicht ich alleine, sondern das sind die Vizepräsidenten und das ist das Politische Sekretariat – zu rechnen hat.

Bleiben wir erst einmal bei den strukturellen Problemen. Welche sehen Sie?

In einer bestimmten Weise reproduziert die EL das Dilemma der Europäischen Union. Nämlich: Sie existiert in dem Widerspruch zwischen der Tatsache, dass die Machtbasis der Parteien im nationalstaatlichen Rahmen und auf den verschiedenen Ebenen re-

---

[1] Walter Baier, österreichischer Wirtschaftswissenschaftler und langjähriger Chef des linken Thinktanks »transform! europe«, wurde im Dezember 2022 zum neuen Präsidenten der Partei der Europäischen Linken gewählt. Auf dem Wahlkongress in Wien hatten die EL-Parteien eine politische Deklaration verabschiedet, in der unter anderem eine sozial-ökologische Transformation, ausgeweitete und garantierte soziale Rechte in der EU sowie ein sofortiger Waffenstillstand in der Ukraine und der Abzug der russischen Truppen gefordert werden. Das Interview wurde am 30. Dezember 2022 in »nd. DerTag« veröffentlicht.

gional, munizipal, auch national liegt, während auf der anderen Seite die wirtschaftliche und soziale Entwicklung in zunehmendem Maße transnational bestimmt wird. Dabei erfolgt die Transnationalisierung ja nicht in erster Linie über die Institutionen der Europäischen Union – obwohl das ein wichtiges Feld der politischen Auseinandersetzung ist –, sondern über die ökonomischen Verhältnisse. Daraus ergibt sich ein strategisches Problem: Die sozialistischen Parteien stehen in Opposition zu der von den EU-Institutionen vorangetriebenen neoliberalen und kapitalistischen Transnationalisierung, haben auf europäischer Ebene aber durch ihre nur geringen supranationalen Einflussmöglichkeiten kaum die Chance, gegen diese Prozesse anzugehen.

Das klingt jetzt sehr abstrakt.

Ich glaube, dass der EL sehr damit gedient wäre, wenn wir von neuem vertieft die Logik der europäischen Integration analysieren würden auf wirtschaftspolitischem, auf sozialpolitischem, auf sicherheitspolitischem Gebiet, um dann aus den nationalen Zusammenhängen heraus gemeinsame Schlussfolgerungen ziehen zu können. Zum Beispiel mit einer europäischen Industriepolitik. Natürlich schauen die Probleme aus dem europäischen Süden betrachtet, wo in den letzten Jahren eine Deindustrialisierung stattgefunden hat, anders aus als im europäischen Norden und wieder anders im Osten, wo verlängerte Werkbänke der deutschen Automobilindustrie entstanden sind. Klar könnte man sagen, die müssen jetzt alle irgendwie in der Konstellation, in der sie existieren, zurechtkommen. Die einen als Tourismuszentren, die anderen als Lieferanten billiger Arbeitskräfte, zum Beispiel in der Pflege, während die Zentren schauen sollen, dass sie die Transformation zur Hochtechnologie schaffen. Und das bei Berücksichtigung des ökologischen Imperativs. Aber so funktioniert das eben nicht.

Welche Alternative gäbe es dazu?

Ein gesamteuropäisches industriepolitisches Design mit der ökologischen Transformation und der Transformation der Mobilität. Und das führt sofort zu meinem bevorzugten Thema, nämlich zur Frage der Demokratie. Denn wenn man einen solchen großen Plan haben will – wer beschließt ihn und wie kommt er zustande? Und wie entwickelt sich überhaupt Konsens? Derzeit ist die EU, ist die Struktur ja die, dass sich im Rahmen des Europäischen Rates die Großen einigen, dann machen die Kleinen Opposition. Heraus kommt ein schwacher Kompromiss der Neoliberalen und der Nationalisten. Darüber müssen wir vertieft diskutieren und Schlussfolgerungen ziehen. Das würde es auch ermöglichen, die Einheit der Linken in Europa wesentlich zu stärken.

In den großen Fragen wie Frieden und soziale Sicherheit gibt es Einigkeit in der EL. Bei der Umsetzung dieser Ziele gehen die Kontroversen schon los. Um EU-Politik zu beeinflussen, müssten die linken und links-grünen Parteien erst einmal an einem Strang ziehen.

Die Differenzen, die es zwischen Parteien gibt, sind nicht in erster Linie ideologischer Natur, sondern wurzeln in den unterschiedlichen sozialen Realitäten. Und natürlich heißt Politik, Kompromisse zu finden, um sich bewegen zu können. Worum es aber eigentlich geht, ist, durch eine Vertiefung der Analysen das Gemeinsame in den unterschiedlichen Situationen herauszufinden.

In der EL existieren auf der einen Seite sehr starke, auf der anderen schwache Linksparteien. Gibt es da so viele Gemeinsamkeiten?

Schematisch ausgedrückt gibt es kleine Länder mit kleinen Parteien, aber auch mit großen Parteien, wie in Griechenland und Zypern. Genauso gibt es große Länder mit kleinen und großen linken Parteien, heute vor allem Frankreich. In Skandinavien nehmen mittelgroße Parteien an Regierungen teil, in Spanien ist Unidas Podemos ebenfalls Teil einer Regierungskoalition. Das gibt ein ziemlich kompliziertes Puzzle. Der Zusammenhalt ist da eine Frage des politischen Wollens. Der Wiener Parteitag hat gezeigt, dass die Bereitschaft, das linke Europa zusammenzuhalten, vor allem bei den starken Parteien vorhanden ist.

Gilt das auch für die griechische Syriza unter Alexis Tsipras und Jean-Luc Mélenchons La France insoumise? Beide gehören zu den stärksten Linksparteien Europas und hatten in der Vergangenheit einige Konflikte über linke Strategien, die zu einer Art Nicht-Kooperation führten.

Die Unterschiede bestehen weiter. Und es zeigt sich, was ich vorhin sagte: Unterschiedliche nationale Situationen führen zu unterschiedlichen strategischen Positionen. Für La France insoumise geht es vor allem um innenpolitische Stärke, die dann auch nach außen wirken soll. Zumal Frankreich einer der europäischen Kernstaaten ist. Da stellen sich die Fragen anders als bei Griechenland, das bei seinen Verhandlungen mit der Troika in einer aussichtslosen Position war. Interessanterweise ist Syriza heute wieder auf dem Weg, durch die Opposition gegen die autoritär neoliberale Politik der Mitsotakis-Regierung verlorenes Terrain zurückzugewinnen. Und was den Konflikt zwischen beiden Parteien anbelangt: Sowohl auf dem Forum der Linken in Europa in Athen vor einem Monat als auch auf dem Parteitag in Wien hat die Sprecherin von La France insoumise, Manon Aubry, die gemeinsam mit Martin Schirdewan die linke Gruppe im Europaparlament leitet, Signale der Versöhung mit Syriza ausgesendet.

Der Wiener Parteikongress scheint ohnehin einige Risse gekittet zu haben. Die Debatte zum russischen Krieg gegen die Ukraine und zur Rolle der Nato bei der Eskalation, von der zuvor einiges Spaltpotenzial erwartet wurde, ging relativ geräuschlos über die Bühne.

Ja, denn eigentlich sind die Positionen nicht so weit auseinander: Alle verurteilen die Aggression Russlands, und alle fordern ein Ende der Kampfhandlungen. Viel von dem Streit hängt damit zusammen, dass wir lange nicht über Fragen der europäischen Sicherheit diskutiert haben. Der Eindruck eines drohenden dramatischen Streits ist entstanden, weil es halt schwer ist, komplexe Probleme erst auf einem Parteitag zu diskutieren. Die Hauptfrage ist, welche Rolle die NATO in der europäischen Sicherheitspolitik spielen kann. Und wie es scheint, wird diese Frage im Norden und Süden Europas anders beantwortet. Natürlich ist Finnland, in dem die Linksallianz an der Regierung beteiligt ist, anders von der russischen Politik betroffen als beispielsweise Italien. Aber ich sage ganz klar, ich halte den NATO-Beitritt von Finnland und Schweden für einen schweren, tragischen Fehler.

Die NATO ist eine Realität, an der die Linksparteien wenig ändern können. Sind das nicht Scheindebatten?

Die meisten Parteien in der EL existieren in Ländern, die Mitglieder der NATO sind. Das hinderte uns nicht, die NATO immer scharf zu kritisieren. Daran ändert auch ein NATO-Beitritt Finnlands und Schwedens nichts. Zentral ist für uns die Verhinderung der Stationierung von nuklearen Offensivwaffen in Europa. Wir wollen die Atomwaffen ganz aus Europa weghaben. Es sieht nicht so aus, als wäre eine Politik der atomaren Abrüstung mit der NATO zu verwirklichen. Wie überhaupt die Vorstellung, dass man Sicherheit durch den Ausbau von Militärbündnissen steigern kann, also Abschreckung die Grundlage von Sicherheit bildet, für sich genommen ein Sicherheitsrisiko ist. Russland hat mit dem Einsatz taktischer Atomwaffen im Ukraine-Krieg gedroht. Gleichzeitig hat die NATO in Nordeuropa die Einsatzfähigkeit ihrer Nuklearstreitkräfte geprobt. Man bleibt sich nichts schuldig. Was für ein Irrsinn auf einem Kontinent mit 108 AKWs und mit 300 Großstädten. Für Russland und die USA möge ein mit taktischen Atomwaffen geführter Krieg in der Mitte Europas sich unter Umständen als kalkulierbares Risiko darstellen, für Europa würde er die totale Katastrophe bedeuten. Daher brauchen wir die von der EU-Kommission beschworene europäische strategische Autonomie. Aber unter den Bedingungen einer politischen und militärischen Konfrontation ist diese vollständig illusorisch.

Neben dem Ukraine-Krieg und der Sicherheitspolitik gibt es eine weitere große Herausforderung, der sich Europas Linke stellen müssen: der Rechtsentwicklung in Europa. Sie haben in Ihrem Schlusswort auf dem Parteitag vor dieser Gefahr gerade in Österreich gewarnt. Wie lässt sich die Rechtswende, nicht nur in Österreich, stoppen?

Lassen Sie mich doch erst noch ein paar Worte zu Österreich sagen. Was mich wirklich verblüfft, ist, was für eine absurde, bizarre, grottenschlechte Partei die FPÖ ist. Also die diversen Korruptionsaffären von Jörg Haider oder von Heinz-Christian Strache, der früher unter anderem Vizekanzler Österreichs war. Oder jetzt in Graz, wo jüngst enthüllt wurde, wie FPÖ-Politiker öffentliche Mittel auf private Konten umgeleitet haben. Da denkt man doch: Wer wählt denn so eine Partei? Und trotzdem könnten die sogenannten Freiheitlichen bei der nächsten Parlamentswahl stärkste Kraft werden.

Warum also finden die Rechtsparteien solchen Anklang?

Es gibt keine monokausale Erklärung. Aber es geht um die existenzielle Unsicherheit, die viele Menschen erfasst hat. Erlebt wird das nicht nur als Ungerechtigkeit, sondern auch als eine dauernde Demütigung. Nehmen wir eine 70-jährige, 75-jährige Person in der Vorweihnachtszeit. Die kann sich in einem großen Flächenbezirk in Wien ihre Weihanchtspackerln an drei verschiedenen Abwurfstellen der privaten Zustelldienste abholen. Bankkontakte? Faktisch unmöglich ohne Internet. Das erschwert das Leben nicht nur, sondern das sind permanente Demütigungen. Neoliberalismus ist permanente Demütigung der Mittelklasse. Im europäischen Süden ist es die Verarmung, zunehmend auch im Norden. Aber gegenwärtig ist es bei uns das ständige Auf-deinen-Platz-verwiesen-werden. Und das ist in allen Zusammenhängen, die irgendwie geldlich ausgedrückt werden, der zweite, dritte, vierte Platz. Das macht zornig und böse. Dafür müssen wir ein Sensorium kriegen. Also meine erste Frage zum Beispiel bei sozialen Protesten ist nicht, ob da 25 Rechtsradikale mitlaufen, sondern: Was sind das für Leute, die protestieren, und warum? In vielen Ländern segeln wir auch gegen den Wind, weil die rechtsradikalen Parteien durch Medien, paradoxerweise auch durch die liberalen, aufgewertet werden. Ich glaube, es hat kein Medium häufiger Coverstories über Heinz-Christian Strache gebracht als das liberale »Profil«.

Aber ich glaube nicht, dass es ein Gesetz der Rechtsentwicklung in der Krise gibt. Das zeigt auch der Wahlerfolg der kleinen KPÖ in der zweitgrößten Stadt Österreichs. Die spektakulären Aktionen der ökologischen Bewegungen und die Streikwellen in Westeuropa, in Frankreich, Belgien, Großbritannien, sogar – man glaubt es nicht: in Österreich – beweisen, dass es Gegenmittel gibt.

Walter Baier

Keine Abstimmung zweiter Ordnung

Bei der Europawahl 2024 muss der neo-faschistischen Rechten eine starke, solidarische, gemeinschaftlich handelnde Linke entgegengestellt werden.

Die Wahlen zum Europäischen Parlament 2024 finden in einer Zeit statt, in der sich die sozialen Bedingungen für viele Menschen verschlechtern. Fast die Hälfte der Europäer*innen erklärt in Umfragen, Schwierigkeiten zu haben, mit ihrem Geld bis zum Monatsende auszukommen. Insgesamt 90 Prozent fürchten sich vor Armut und sozialer Marginalisierung. Dies auch hat politische Auswirkungen. Die Angst vor der Zukunft nährt das Wachstum der neofaschistischen Rechten, die fast überall, wo sie nicht ohnehin schon in Regierungen sitzen, an die Tür zur Macht klopfen.

Der Kampf gegen die radikale Rechte, gegen Antisemitismus, Rassismus und Frauenfeindlichkeit, für Humanismus und internationale Solidarität ist und bleibt eine moralische und kulturelle Verpflichtung. Wegducken und politische Kompromisse gelten da nicht.

Aber die extreme Rechte zu besiegen erfordert mehr als liberaler Antifaschismus zu geben bereit ist, nämlich die Beseitigung der sozialen Ungleichheit und prekären Lebensverhältnisse, das heißt: existenzsichernde Löhne, sozialstaatliche Absicherung, gleiche Rechte für die Frauen, bezahlbaren, menschenwürdigen Wohnraum und effiziente und zugängliche öffentliche Dienste, vom Gesundheits- und Erziehungswesen bis zum öffentlichen Verkehr.

Grundrecht ist auch ein Leben der heutigen und künftigen Generationen in einer gesunden Umwelt. Die Folgen der ökologischen Krise, verursacht durch das kapitalistische Produktionssystem, das durch Profit und Akkumulation angetrieben wird, haben nun auch die privilegierten Gesellschaften des globalen Nordens erreicht. Sieht man von den Klimawandel-Leugner*innen auf der radikalen Rechten ab, so gibt es einen Konsens über den Ausstieg aus der Verbrennung fossiler Brennstoffe und den Übergang zu einem ökologischen, die Natur schonenden Wirtschaften.

Ökologisierung und Digitalisierung erfordern eine radikale Veränderung, die nicht von avantgardistischen Minderheiten aufgezwungen werden kann, sondern von der Mehrheit der Bevölkerungen als ihre Angelegenheit angenommen werden muss. Dazu muss sie fair, sozial abgesichert und demokratisch gestaltet werden. Letztendlich geht es um die Interessen, denen bei diesem Umbau der Vorrang eingeräumt wird: denen der Besitzer*innen großer Vermögen oder denen der lohnabhängigen Mehrheit der Bevölkerungen.

Die herrschende Klasse ist auf europäischer Ebene bestens vernetzt. Sie kann die Europäischen Verträge, die Zentralbank, den Stabilitäts- und Wachstumspakt – der vorübergehend ausgesetzt ist, aber bereitsteht, wieder aktiviert zu werden – nutzen. Deshalb müssen sich auch die Lohnabhängigen und sozialen Bewegungen auf europäischer Ebene organisieren, um Positionen der Gegenmacht zu erkämpfen.

Die Europäer*innen fügen sich nicht widerstandslos in die Verschlechterung ihrer Situation. Das zeigte sich bei den großen Mobilisierungen in Frankreich gegen die Pensionsreform von Präsident Macron, den Streiks und Demonstrationen im Vereinigten Königreich, in Portugal, Spanien, Belgien, der Tschechischen Republik, Rumänien und anderen Ländern.

Die linken Parteien und die Europäische Linkspartei haben diese Mobilisierungen unterstützt. Sie unterstützen auch die Kampagne des Europäischen Gewerkschaftsbundes zur endgültigen Beendigung der Austeritätspolitik und waren aktiv am europaweiten gewerkschaftlichen Aktionstag am 13. Oktober beteiligt.

Die EL und die linken Mandatar*innen im Europaparlament unterstützen alle Reformen, die das Leben der Menschen erleichtern können: die Forderung nach einem sozialen Fortschrittsprotokoll, das den Arbeits- und Sozialrechten Vorrang vor den Freiheiten des Binnenmarkts einräumt. Auch den Vorschlag von Yolanda Díaz von der spanischen SUMAR, im Rahmen des Europäischen Semesters soziale Indikatoren auf der gleichen Ebene wie makroökonomische Ungleichgewichte zu messen.

Wir schätzen die erreichten Fortschritte wie die Mindestlohnrichtlinie und die Richtlinie zur Gehaltstransparenz zwischen Männern und Frauen nicht gering. Vernünftig war auch die Suspendierung des Stabilitäts- und Wachstumspakts durch die Europäische Kommission und die Bereitstellung von Mitteln für den Wiederaufbau nach der Pandemie und für die Ökologisierung und Digitalisierung durch die EU. Dahinter darf nicht zurückgegangen werden.

Wir machen uns aber keine Illusionen. Für ein soziales, ökologisches und feministisches Europa brauchen wir neue EU-Verträge, eine andere Konstruktion der Union, die statt der Freiheit der Märkte Beschäftigung, ökologische Nachhaltigkeit, soziale Sicherheit und Frauenrechte zum Maßstab nimmt. Dies zu erreichen, wird ein langer Kampf sein.

Die Frage »Mehr oder weniger Europa?« ist falsch gestellt. Richtigerweise geht es darum: Welches Europa wollen wir? Trotz einer Erweiterung der Mitspracherechte des Europaparlaments wird die EU noch immer durch ein intransparentes System von Bürokratie und Technokratie geleitet, an deren Spitze sich die Staats- und Regierungschefs auf Gipfelgesprächen treffen, um schwache Kompromisse zwischen nationalen Egoismen auszuhandeln.

Das aber reicht nicht, um die großen europäischen Probleme zu lösen. Das beweisen die vielen vermeidbaren Opfer der Pandemie und die Unfähigkeit der EU, eine menschenrechtskonforme und solidarische Asyl- und Einwanderungspolitik zu konzipieren. Merke: Die EU wird demokratisch sein oder nicht sein!

Alle Politik in Europa wird heute durch den Krieg in der Ukraine und seine mögliche Ausweitung überschattet. Die vom russischen Angriff ausgelöste Tragödie darf uns nicht die gleichzeitig in Palästina, Kurdistan, Armenien, Syrien, Jemen und an vielen anderen Plätzen geführten Krisen übersehen lassen. Der Papst hatte recht, als er diesen Zustand einen »Weltkrieg auf Raten« nannte. Und immer sind es die Völker, die Arbeiterklasse, Frauen und Männer, die für die Kriege und die Rüstungsprogramme der Herrschenden bezahlen.

Ein Jahr Krieg in der Ukraine. Trotz Hunderttausender Opfer, Millionen Geflüchteter und Hunderter zerstörter Städte und Dörfer zeichnet sich auf dem Schlachtfeld keine Entscheidung ab. Davon unbeeindruckt kündigte EU-Kommissonschefin Ursula von der Leyen im September 2023 in ihrer Rede zur Lage der Union an, die Fortsetzung des Krieges »so lange wie notwendig« zu unterstützen. Waffenlieferungen statt Friedensinitiativen, darauf lief ihre Rede hinaus.

Die Welt hat sich in ein atomares Pulverfass verwandelt. Europa und seine Nachbarschaften sind drauf und dran, die Zündschnur zur Explosion zu liefern. Joschka Fischer, ehemaliger deutscher Außenminister und prominenter Grünenpolitiker, schrieb kürzlich in einer österreichischen Zeitung: »Jetzt ist Krieg. Die Aufrüstung Europas hat oberste Priorität, alles andere muss warten: die Sanierung der öffentlichen Haushalte oder neue Sozialprogramme.«[1] Auf seine Weise hat er recht. Brot oder Kanonen, das ist die Wahl, die zu treffen ist!

Die Linke muss ihre Wahl deutlich aussprechen. Sie verlangt von den Regierungen und der EU, die zu den Hauptunterstützern der Ukraine gehören, politische Initiativen zur Beendigung des Krieges, für einen Waffenstillstand, für Verhandlungen und den Rückzug der russischen Truppen.

Der Krieg hat uns vor eine klare Entscheidungsfrage gestellt. Wir können zulassen, dass Europa sich in einen waffenstarrenden Kontinent verwandelt, in dem sich feindliche Armeen gegenüberstehen, die in jedem Moment zur gegenseitigen Vernichtung bereit sind. Keines der ehrgeizigen Ziele einer sozialen und ökologischen Transformation wird so erreicht werden. Europa kann aber auch den schwierigen Weg einer Entspannung der militärischen Konfrontation in einem System der gemeinsamen europäischen Sicherheit gehen, in dem die Sicherheit jedes Einzelnen durch die Sicherheit Aller garantiert wird. Das ist der Weg, den die Europäische Linke vorschlägt.

---

[1] Joschka Fischer: Der machtpolitische Nachzügler Europa, in: Der Standard, 6. September 2023.

Sozialpolitik, Friedenspolitik, Europapolitik müssen in die Hände derjenigen gelegt werden, die ihre Konsequenzen zu tragen haben, die lohnabhängigen Männer und Frauen und die jungen Leute, die angesichts der Umweltkrise um ihre Zukunft fürchten.

Die Wahlergebnisse vom Oktober 2023 in den deutschen Bundesländern Bayern und Hessen sind ein Alarmsignal für die gesamte europäische Linke. Spätestens jetzt muss uns unsere Verantwortung dafür bewusst werden, dass der neo-faschistischen Rechten eine starke, solidarische, gemeinschaftlich handelnde Linke entgegengestellt wird.

Autor*innen und Herausgeber*innen

Walter Baier gehörte zu den Mitgründern der Partei der Europäischen Linken (EL) und war viele Jahre Koordinator des linken Thinktank »transform! Europe«. Auf dem EL-Kongress der Partei der Europäischen Linken im Dezember 2022 in Wien wurde er zu deren Präsidenten gewählt.

Lothar Bisky (1914–2013) war von 1993 bis 2000 und von 2003 bis 2007 Bundesvorsitzender der PDS, von 2007 bis 2010 zusammen mit Oskar Lafontaine Vorsitzender der Partei DIE LINKE. Auf dem 2. Kongress 2007 wurde er zum Präsidenten der Europäischen Linken gewählt.

Heinz Bierbaum ist Vorstandsvorsitzender der Rosa Luxemburg Stiftung. Der Wirtschaftsprofessor war von 2019 bis Ende 2022 Präsident der Partei der Europäischen Linken.

Gregor Gysi wurde 1989 Vorsitzender der SED, nach der Umbenennung zur PDS deren Vorsitzender bis 1993. Von 1990 bis 2000 war er Vorsitzender der Bundestagsgruppe bzw. der Bundestagsfraktion der PDS, von 2005 bis 2015 dann Fraktionsvorsitzender der Partei DIE LINKE im Deutschen Bundestag. Von 2016 bis 2019 war er Präsident der Europäischen Linken.

Cornelia Hildebrandt ist wissenschaftliche Referentin für Parteien und soziale Bewegungen sowie für Fragen zum weltanschaulichen Dialog am Institut für Gesellschaftsanalyse der Rosa-Luxemburg-Stiftung und seit September 2020 Ko-Präsidentin von transform! europe, der unabhängigen Stiftung der Partei Europäische Linke.

Jürgen Klute war von 2009 bis 2014 Mitglied des Europäischen Parlaments (DIE LINKE). Er ist als Blogger und Podcaster in Brüssel tätig.

Roland Kulke ist Vertreter von transform! europe in Brüssel und inhaltlich zuständig für das »productive transformation«-Projekt, das sich um die sozial-ökologische Transformation unserer Wirtschaften bemüht.

Pierre Laurent übernahm als Vorsitzender der KP Frankreichs auf dem 3. Kongress in Paris 2010 die Präsidentschaft der EL.

Uwe Sattler hat nach einem Studium der internationalen Beziehungen unter anderem als Korrespondent in Paris und Brüssel gearbeitet und war für einen Europaabgeordneten tätig. Der Journalist gehört der Redaktionsleitung der überregionalen Zeitung nd.DerTag/nd.DieWoche an und ist Herausgeber der europäischen Debattenplattform die-zukunft.eu.

Helmut Scholz, maßgeblich an der Gründung der EL beteiligt, ist seit 2009 Abgeordneter der Linken im Europäischen Parlament.

Barbara Steiner ist Geschäftsführerin von transform! europe und Politikwissenschafterin in Wien mit den Schwerpunkten linke Parteien in Europa, Strategien gegen rechts und marxistisch-feministische Ansätze.

Gabi Zimmer war von 2000 bis 2003 Bundesvorsitzende der PDS und von 2004 bis 2019 Mitglied des Europäischen Parlaments. Von 2012 bis 2019 war sie Vorsitzende der dortigen Konföderalen Fraktion der Vereinten Europäischen Linken/Nordische Grüne Linke (GUE/NGL).